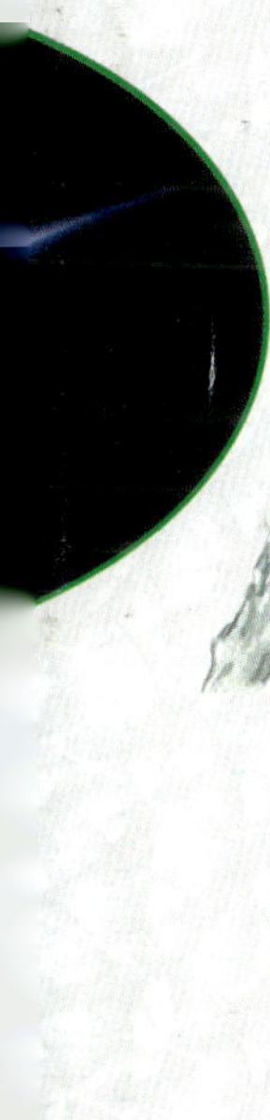

Das große Buch der REKORDE

Titel des italienischen Originals: Il Grande Libro dei Record
Einzig berechtigte Übertragung aus dem Italienischen: Manuela Eder

Illustrationen: Davide Bonadonna
Redaktion: Stefano Sibella
Bildnachweis: Archivio IGDA; NASA; M. Volpati.

Deutsche Erstausgabe

E-Mail: office@kaiserverlag.com
www.kaiserverlag.com

Einbandgestaltung: Volkmar Reiter

Satz: Context Type & Sign Pink GmbH., St. Veit/Glan

Druck und Bindearbeit: Gorenjski Tisk, Kranj-Slowenien

Das große Buch der REKORDE

Erde • Weltraum • Tiere • Pflanzen
Katastrophen • Wirtschaft
Gesellschaft • Transport

VERLEGT BEI
KAISER

Rekorde

Inhalt

5 Rekorde der Erde

28 Rekorde nach Kontinenten

35 Rekorde im Weltraum

62 Rekorde bei der Eroberung des Weltraums

75 Rekorde aus dem Tierreich

107 Rekorde im Reich der Pflanzen und Bäume

123 Rekorde der Katastrophen

163 Rekorde in Wirtschaft und Gesellschaft

211 Rekorde im Transport

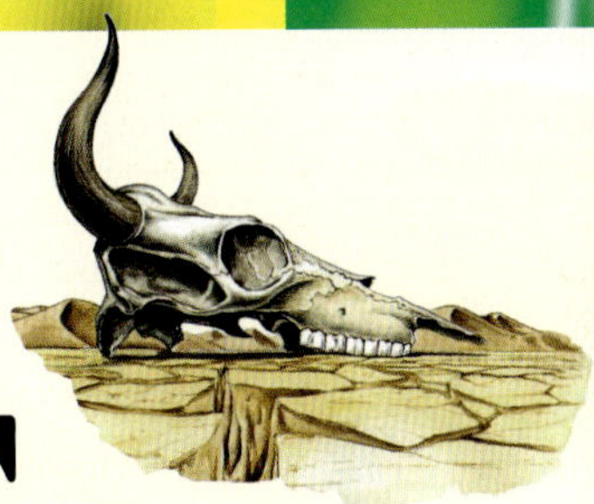

REKORDE *der* ERDE

Die Erde in Zahlen

Die Gesamtoberfläche der ***Erde*** beträgt 510.250.000 km². Da die gesamte ***Wasseroberfläche*** mit 360.650.000 km² zu Buche schlägt, bleiben 149.600.000 km² ***Festland***, 1.700.000 km² ***Seen*** und 14.000.000 km² ***ewiges Eis***.
Somit macht das Wasser 70% der Erdoberfläche aus, die restlichen 30% bestehen zu 35%, das sind 51.000.000 km², aus ***Bergmassiven***, zu 37%, das sind 53.000.000 km² aus ***Hügelland*** und 28%, das sind 46.000.000 km² aus ***Flachland***.
Festland und Ozeane sind außerdem unregelmäßig über die beiden Erdhalbkugeln verteilt: Auf der nördlichen Halbkugel nimmt das Festland 39% und das Meer 61% ein, auf der südlichen Halbkugel stehen 16% kontinentalem Festland ganze 84% Meeresoberfläche gegenüber.

Mann mit Globus,
Gemälde des spanischen Malers Diego Velásquez aus dem 17. Jahrhundert

WISSENSWERTES

Der höchste Kontinent ist die ***Antarktis*** mit einer Durchschnittshöhe von 2600 m über dem Meeresspiegel. Unter dem ewigen Eis liegen hohe Gipfel und ausgedehnte Hochebenen.
Der niedrigste Kontinent ist ***Europa***, der trotz seiner hohen Bergmassive nur auf eine Durchschnittshöhe von 340 m über dem Meeresspiegel kommt.

Sieben Kontinente … driften auseinander!

Die Oberfläche des Festlandes der Erde teilt sich in sieben Kontinente auf:

Europa, Asien, Afrika, Nord- und Mittelamerika, Südamerika, Ozeanien und die Antarktis.

Asien ist der größte Kontinent, Ozeanien der kleinste. Die durchschnittliche Seehöhe aller Kontinente beträgt 840 m über dem Meeresspiegel. Der schnellste Kontinent, der sich aufgrund der Kontinentaldrift und der Plattentektonik am raschesten bewegt, ist Südamerika. Jedes Jahr entfernt sich dieser Erdteil 10 bis 11 cm von Afrika. In 100 Millionen Jahren wird sich der Abstand um 1000 km vergrößert haben. Der langsamste Kontinent ist die Antarktis, deren Position sich auch in 100.000 Jahren noch nicht merklich verändert haben wird.

Zwei Bilder des holländischen Malers Jan Vermeer aus dem 17. Jahrhundert.
Unten: *Der Geograph*. Links: Detail aus dem Gemälde *Der Astronom*.

Die Erde in Zahlen

Der Umfang der Erde am ***Äquator***, jener imaginären Linie, die unseren Planeten in zwei Halbkugeln teilt, beträgt 40.076 km. Würde man ihn im Auto mit 100 km/h ohne anzuhalten entlangfahren, bräuchte man etwas mehr als zwei Wochen für eine ganze Umrundung. Das Volumen der Erde beträgt ungefähr eine Billion km^3, ganz genau sind es 1.083.319.780.000 km^3.

Eine Satellitenaufnahme der Inseln Polynesiens

Ein Strand an der Pazifikküste in Australien

Der Indische Ozean und die Küste von Madagaskar

Die polynesische Insel Bora Bora

WISSENSWERTES

Der Großteil des die Erde bedeckenden Wassers (97,3%) ist Salzwasser, der Anteil des Süßwassers beträgt weniger als 3%, wobei davon noch zwei Drittel in Form von Gletschern oder im ewigen Eis der Polkappen gespeichert ist. Nur 1% sprudelt aus Quellen, durchläuft Flüsse oder Kanäle und füllt Seen.

Schwarzmeerhafen in der Türkei

Wie tief ist das Meer?

Das größte der Weltmeere ist der **Pazifische** *oder* **Stille Ozean***, er nimmt eine Fläche von 179.650.000 km^2 ein, das entspricht einem guten Drittel des gesamten Planeten, gefolgt vom* **Atlantischen Ozean** *mit 106.100.000 km^2 und dem* **Indischen Ozean** *mit 74.900.000 km^2.*
Das kleinste davon, das **Arktische Eismeer***, ist mit 14.060.000 km^2 immer noch 6-mal so groß wie das* **Mittelmeer***.*
Die Weltmeere oder Ozeane wurden von Geographen in Meere unterteilt, die jeweils eigene Charakteristika aufweisen, ihre Anzahl wird gewöhnlich mit 36 angegeben. Das größte dieser Meere ist das **Südchinesische Meer** *mit einer Oberfläche von 3.447.000 km^2, das kleinste das* **Schwarze Meer** *mit 413.000 km^2.*
Über 25.000 **Inseln***, das sind mehr als in allen anderen Meeren zusammen, liegen im Pazifischen Ozean, der mit durchschnittlich über 3000 m unter dem Meeresspiegel auch die größte Tiefe aufweist.*
Im Pazifischen Ozean befindet sich auch der am weitesten von einer beliebigen Küste **entfernte Punkt** *der Welt: 2575 km.*

Eisschollen im Ross-Meer in der Antarktis

Zwischen der Halbinsel Malakka und Panama erstreckt sich eine Wasserfläche von mehr als 24.000 km Breite, die ein Drittel der Erdoberfläche bedeckt: der Pazifik.

Die Polkappe der Antarktis

Die Tiefen erforschen

Der tiefste unter den ***Tiefseegräben*** ist der ***Marianengraben*** im Pazifik. Er ist 11.022 m tief, das entspricht einer Schlucht, die 7-mal so tief ist wie der Grand Canyon in Arizona. Eine Bleikugel von 1 kg Gewicht, die an dieser Stelle ins Meer geworfen wird, würde eine Stunde brauchen, bis sie auf dem Boden aufschlägt. Der ***Puerto-Rico-Graben*** mit 9212 m entspricht dem tiefsten Punkt des Atlantischen Ozeans. Der höchste Tidenhub oder Fluthöhe wird in Kanada in der ***Bay of Fundy*** gemessen, der Unterschied zwischen Hochwasser und Niedrigwasser beträgt dort mehr als 15 m.

Die eisige Küste der Antarktis

Ebbe in der Bay of Fundy

Satellitenaufnahme von Grönland

Inseln im Strom

Inseln machen 7,2% der Landmasse der Erde aus, das entspricht etwa 10.800.000 km^2. Nach **Australien***, das gemeinhin als Kontinent betrachtet wird, ist* **Grönland** *mit einer Fläche von 2.175.600 km^2 die größte Insel, das ist das Zehnfache der Oberfläche* **Großbritanniens***! 85% der Oberfläche Grönlands, das nur 800 km vom Nordpol entfernt liegt, sind von einer Gletscherdecke bedeckt, die zwischen 1,5 und 3 km dick ist. Ihre Küstenlänge entspricht mit 39.627 km fast dem Erdumfang am Äquator, während die Nord-Süd-Ausdehnung mit 2670 km in etwa der Breite der Wüste Sahara entspricht. Danach folgen* **Neuguinea** *und* **Borneo***, die immer noch größer sind als Spanien und Portugal zusammen, jedoch mit 808.572 bzw. 751.000 km^2 doch deutlich kleiner als Grönland ausfallen.*

WISSENSWERTES

Die ozeanischen Ströme ziehen durch die Tiefen der Weltmeere wie riesige Flüsse. Der ***Antarktische Zirkumpolarstrom*** verläuft sogar rund um die Erde! Tiefsee-Ebenen ***(abyssal plains)*** sind ausgedehnte, flache Gebiete am Meeresboden, die sich über hunderte von Kilometern erstrecken und Tiefen von bis zu 6000 m unter dem Meeresspiegel erreichen.

Kreaturen, die dank moderner *special effects* oft wie Albtraumgestalten aussehen, bevölkern in unserer Vorstellung die Tiefsee. In Wahrheit handelt es sich um hoch spezialisierte Organismen, über die man noch sehr wenig weiß.

Zungen aus Eis

Der größte Gletscher der Welt ist der ***Lambertgletscher*** in der Antarktis. Er ist mindestens 64 km breit und gut 402 km lang. Als zweitgrößter folgt der ***Hubbardgletscher*** in Alaska mit 106 km Länge. Ebenfalls in Alaska ist der schnellste Gletscher zu finden. Der ***Columbiagletscher*** dringt jeden Tag etwa 20 m vor. Die alpinen Gletscher wandern durchschnittlich rund 50 m im Jahr.

Die ***Polkappe der Antarktis*** ist so groß, dass sie den größten Teil Nordamerikas bedecken könnte. Sie ist über 3 km dick. Sollte sie abschmelzen, würde das den Meeresspiegel um gut 60 m anheben!

Ozeanien ist der einzige Kontinent, auf dem keine Gletscher zu finden sind.

Gletscher in Alaska

Alpiner Gletscher

Eisberg im Arktischen Eismeer

Der Grand Canyon in Arizona

Unter der Einwirkung von Wind und Wasser »kalben« die Gletscher, das heißt, große Eisblöcke lösen sich von der polaren Eismasse.

WISSENSWERTES

Die tiefste Schlucht der Erde, der ***Grand Canyon*** in Arizona, ist 350 km lang und 1600 m tief. Der Colorado River hat sie im Laufe von Millionen von Jahren geformt.

Riesenarchipel!

Der größte ***Archipel*** ist jener von ***Indonesien***, er besteht aus über 15.000 Inseln, die Gesamtoberfläche beträgt 1.919.317 km^2.

Satellitenaufnahme des Archipels von Indonesien

Fjord in Norwegen

Fjorde

Der ***Nordwestfjord*** im Westen Grönlands ist der langste Fjord der Welt, er führt 313 km ins Festland hinein.

Immer höher hinaus!

Die Gesamtheit der Bergmassive, die sich vom Grund der Ozeane erheben, die ***ozeanischen Rücken***, bildet eine ununterbrochene Kette von 65.000 km Länge, die höchsten Erhebungen sind 4200 m hoch.
Die imposanteste Bergkette der Erde ist die des ***Himalaja-Karakorum***, unter ihren Gipfeln befinden sich 96 der insgesamt 109 Gipfel weltweit, die über 7300 m hoch sind, und sogar 10 über 8000 m!

Die längste Bergkette der Erde ist der ***Andenhauptkamm***, er erstreckt sich über 7600 km durch Südamerika, damit ist er 7-mal so lang wie die Alpen.
An der Grenze zwischen Nepal und Tibet, in der Himalajakette, befindet sich der ***Mount Everest***, der mit 8850 m der höchste Berg der Erde ist. Gleich danach kommt der ***K2*** oder Mount Godwin Austen mit 8611 m, er gehört zum Karakorum.

WISSENSWERTES

Wäre er nicht bis über die Hälfte von Wasser bedeckt, wäre der ***Mauna Kea***, ein erloschener Vulkan auf Hawaii, mit seinen 9754 m sogar höher als der Mount Everest.
Mount Vinson heißt der höchste Gipfel der Antarktis, er ist 5140 m hoch.

Die Bergkette des Karakorum

Der Vulkan Kilauea auf Hawaii

Auf dem Dach der Welt

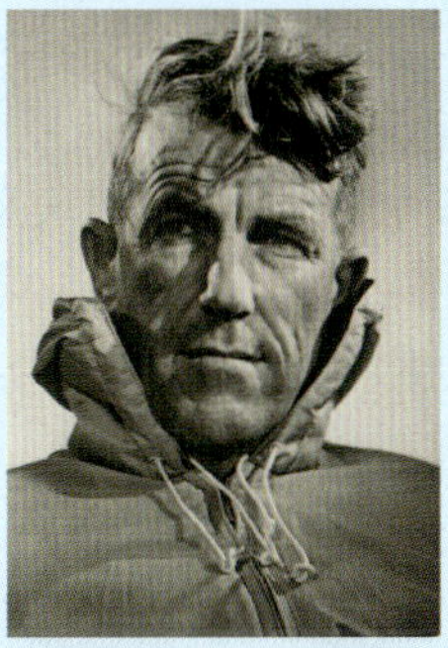

Nachdem über 900 ehrgeizige Bergsteiger an diesem Gipfel gescheitert waren, bezwang 1953 ***Edmund Hillary*** (Foto), ein neuseeländischer Alpinist, in Begleitung des Sherpa ***Tenzing Norgay*** aus Nepal (Foto unten, mit Hillary im Basecamp) als Erster den Mount Everest.

Reinhold Messner war 1980 der Erste, der den Everest im Alleingang bezwang. Außerdem machte er sich einen Namen mit anderen spektakulären Unternehmungen wie der Besteigung aller 14 Achttausender ohne Höhenatmungsgerät.

Das Himalajagebirge mit dem Mount Everest

Der Andenhauptkamm

Spiegel aus Wasser

Ansicht des Titikakasees

Während das ***Kaspische Meer*** in Asien mit einer Oberfläche von 371.000 km² und einer Länge von 1225 km der größte Salzsee der Erde ist, stellt der ***Obere See*** in der Gruppe der Großen Seen an der Grenze zwischen den USA und Kanada den größten Süßwassersee der Welt dar. Der ***Baikalsee*** in Sibirien (Russland) dagegen ist der tiefste und älteste: Er misst mehr als 1500 m Tiefe und ist 30 Millionen Jahre alt! Damit ist er 4-mal so tief wie der Obere See und enthält eine Menge an Wasser, die genügen würde, um die Bevölkerung des gesamten Planeten für ein halbes Jahrhundert mit Trinkwasser zu versorgen.

Der ***Titikakasee*** in Peru mit seinen 8300 km² liegt auf 3810 m Seehöhe und ist damit der am höchsten gelegene schiffbare See der Erde.

Der ***Tanganjikasee*** ist Afrikas längster See, er misst 660 km und ist bis zu 1470 m tief. Allerdings ist es kaum möglich, aus der Größe eines Sees Rückschlüsse auf seine Tiefe zu führen: Der ***Comosee*** etwa zählt zu den kleineren, ist aber über 410 m tief, der ***Tschadsee*** hingegen (den die Illustration auf dieser Doppelseite darstellt) ist 100-mal so groß, dabei aber niemals tiefer als 12 m, wobei die Wassertiefe im Großteil des Sees kaum 50 cm beträgt. Auch Finnland hält einen ganz besonderen Rekord in Sachen Seen: Auf seinem Staatsgebiet liegen die meisten, und zwar über 55.000!

Ansicht des Tschadsees

DIE GOLFE

Der größte **Golf** *der Erde ist der* **Bengalische Golf** *in Asien, er ist bis zu 5258 m tief und nimmt eine Oberfläche von rund 2.172.000 km² ein, das entspricht etwa der Fläche des Mittelmeers …*
An zweiter Stelle liegt der **Golf von Mexiko**, *in den die Wasser eines der längsten Flüsse der Welt, des Mississippi-Missouri, münden; er nimmt eine Fläche von 1.544.000 km² ein.*

WISSENSWERTES

Der ***Vostoksee*** in der Antarktis liegt seit mindestens einer halben Million Jahren unter einer 4000 m dicken Eisschicht begraben und ist der älteste See der Welt. Er ist einige hundert Meter tief, die Oberfläche beträgt 14.000 km².

Ansicht des Kaspischen Meers

Ansicht des Baikalsees

Wegen der zunehmenden Verwüstung der Region hat der rund 16.000 km² große Tschadsee in den letzten zehn Jahren rund ein Zehntel seiner Oberfläche eingebüßt.

Die großen Sümpfe

Die ***Everglades*** in Florida sind ein großes Sumpfgebiet, das von einem riesigen Fluss gebildet wird, der in den Atlantischen Ozean mündet: 80 km breit, 106 km lang und nur 15 cm tief!

Das Große Barriereriff auf einem Satellitenfoto

Vulkane

Auf der Erde gibt es rund tausend aktive Vulkane, dazu noch einige ruhende oder auch »schlafende« wie den ***Fujiyama*** in Japan, den ***Mauna Kea*** in Hawaii, dazu inaktive oder erloschene. Der ***Mauna Loa***, ebenfalls im Archipel von Hawaii, ist der größte aktive Vulkan der Welt. Über dem Meeresspiegel ist er 4170 m hoch, vom Meeresgrund gemessen beträgt die Höhe sogar 9144 m. Der ***Guallatiri*** an der Grenze zwischen Bolivien und Chile ist 6071 m hoch, das entspricht 20-mal der Höhe des Eiffelturms.

Der Fujiyama

Ansicht der Everglades

Das Große Barriereriff

Barrieren aus Korallen

Das längste Korallenriff der Welt ist das ***Große Barriereriff***, das sich vor der Nordostküste Australiens über 2000 km erstreckt. Es ist so groß, dass es die Astronauten sogar vom Raum aus sehen können.

Ein Pottwal schwimmt um die Fundamente der Korallenatolle, kleiner, ringförmig angeordneter Inseln, die aus den Kratern einstiger Vulkane entstanden sind.

Die Tiefebene von Turfan

Das Tote Meer

Tiefe Ebenen

Zwischen Israel und Jordanien liegt in der tiefsten Ebene der Erde das ***Tote Meer***, dessen Ufer sich 400 m unter dem Meeresspiegel befinden. Dagegen liegt die ***Tiefebene von Turfan*** in China mit ihren 154 m unter dem Meeresspiegel noch verhältnismäßig hoch.

WISSENSWERTES

Die größte Tiefebene unseres Planeten ist die ***Sibirische Tiefebene***, mit einer Ausdehnung von 2.250.000 km² ist sie 50-mal so groß wie die ***Po-Ebene***. Die ***Argentinische Pampa*** nimmt dagegen vergleichsweise bescheidene 1.250.000 km² ein!

Wüsten

Rund 5% der Erdoberfläche sind von Wüstengebieten bedeckt.
Die größte Wüste der Erde ist die ***Sahara*** in Nordafrika, sie erstreckt sich über 9.100.000 km², was in etwa der Ausdehnung der Vereinigten Staaten von Amerika oder rund 30-mal der Italiens entspricht, somit ist sie größer als die 12 nächstgrößeren Wüsten der Welt zusammen.
Es folgen, nach Größe gereiht, die ***Australische Wüste*** mit 3,6 Millionen km², die ***Arabische Wüste*** mit 1,3 Millionen km² sowie die Wüste ***Gobi*** in Asien mit 1 Million km². Die ***Sonorawüste*** in Arizona ist mit ihren 310.000 km² das größte Wüstengebiet Nordamerikas.

Die Australische Wüste

Die Wüste Gobi

Die Sonorawüste

WISSENSWERTES

Die ***Rub al-Khali-Wüste*** in Saudi-Arabien ist die größte Sandwüste der Welt mit Dünen, soweit das Auge reicht mit einer Höhe von bis zu 100 m. Sie ist mit 500.000 km² in etwa so groß wie Frankreich, es gibt dort aber wegen des trocken-heißen Klimas keine Siedlungen, nur vereinzelte Nomadenstämme.

DÜNEN AUF WANDERSCHAFT

Im **Westlichen Großen Erg** *in der Sahara, einem Gebiet, das in etwa so groß ist wie Norditalien, wandern riesige, halbmondförmige Dünen vom Wind getrieben durch die Wüste, dabei legen sie bis zu 30 m im Jahr zurück. Die gefürchteten Sandstürme dort werden von den Tuareg den Wüstengeistern zugeschrieben. Der Sturm kann eine Sandmauer von bis zu 1500 m Höhe aufrichten und bis zu 500 km breite Fronten bilden. Die Windstöße erreichen bis zu 50 km/h und ersticken jedes Geräusch, auch das Sonnenlicht kann am hellen Tag nicht mehr durchdringen. Der Staub macht das Atmen unmöglich, dringt in alle Ritzen und kann sogar bis nach Europa getragen werden, wie im Jahre 1947, wo die Schweizer Alpen von algerischem Wüstensand rosa gefärbt erschienen.*

Alte Wüsten

Die Wüste ***Namib*** ist die älteste Wüste der Erde und die trockenste der afrikanischen Wüsten. Sie erstreckt sich über 2080 km von Angola nach Namibia, die Breite beträgt zwischen 10 und 160 km. Im Norden wechseln sich Fels- und Steinwüste ab, im Süden des Flussbettes des Kuiseb ragen majestätische, vom Wind geformte Dünen wie Gebirge aus Sand in die Höhe und bedecken das größte Diamantvorkommen der Welt.

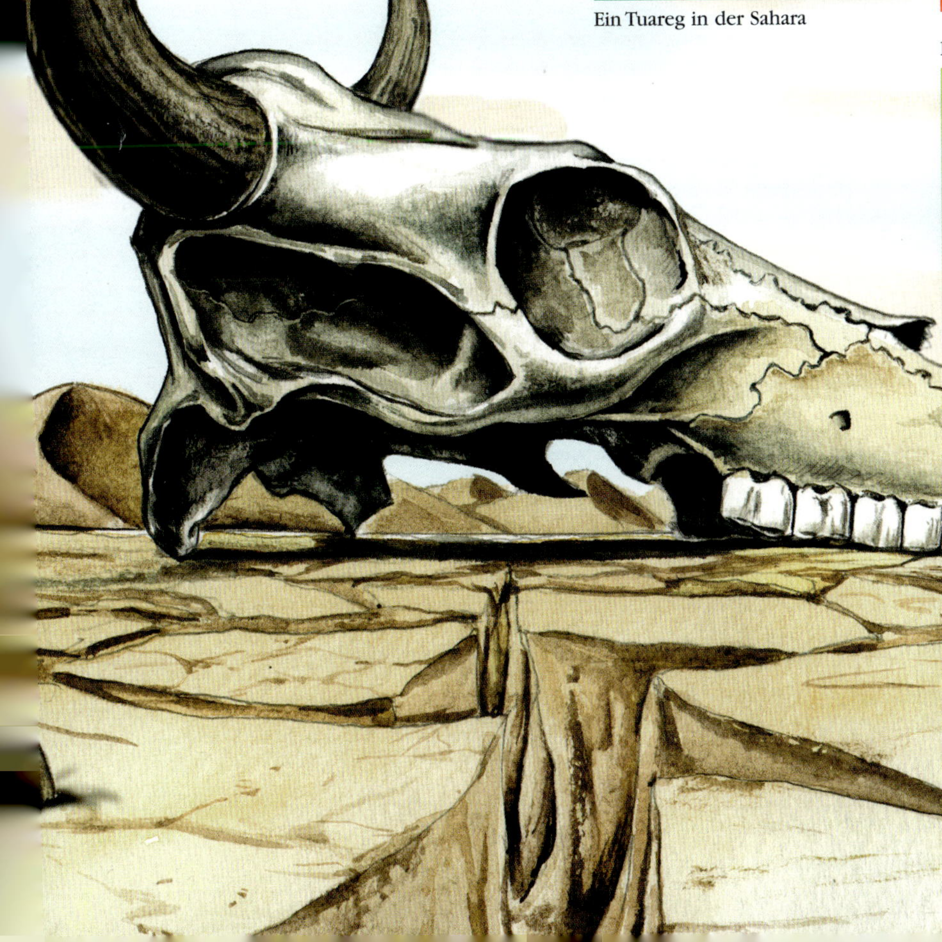

Nur das Dromedar wagt sich in die heißen Sandwüsten vor, wo es tagelang laufen kann ohne im Sand zu versinken.

Ein Tuareg in der Sahara

Die Wüste Namib

Die Dünen des Erg du Ténéré, Niger

Flüsse

Der längste Fluss der Erde ist der ***Nil*** mit 6671 km, gefolgt vom ***Amazonas*** mit 6280 km, der auch am meisten Wasser führt: Der Amazonas lässt täglich eine Menge an Wasser in den Atlantischen Ozean fließen, die genügen würde, um alle Bürger der Vereinigten Staaten von Amerika fünf Monate lang mit Trink- und Wirtschaftswasser zu versorgen, das entspricht etwa 20% der gesamten Süßwassermenge, die die Ozeane weltweit täglich aufnehmen. Der Nil dagegen führt 200-mal weniger Wasser. Unter den längsten Flüssen der Welt ragen außerdem der ***Mississippi-Missouri*** mit 6021 km und der ***Jangtse***, der legendäre Große Fluss in China, mit 5987 km heraus.

Bei großen Wasserfällen stürzen rund 5000 m^3 Wasser pro Sekunde in die Tiefe.

Der Lauf des Mississippi

Der Nil bei Assuan

Der Amazonas

Wasserfälle

Der ***Angelfall*** in Venezuela in Südamerika ist mit 972 m der höchste Wasserfall der Welt, 15-mal höher als die ***Niagarafälle*** an der Grenze zwischen den Vereinigten Staaten und Kanada, die zwar fast 1000 m breit, aber mit 60 m nicht gerade hoch sind. Die ***Victoriafälle*** in Afrika zwischen Sambia und Zimbabwe sind 108 m hoch. Die enorme Wassermenge stürzt mit ohrenbetäubendem Tosen zu Tal und produziert dabei eine Gischtwolke, die man 30 km weit sehen kann.

Die breitesten Wasserfälle sind die ***Khonefälle*** in Laos, die ***Stanleyfälle*** in Zaire führen die höchste Wassermenge: 17.000 m³ pro Sekunde.

Die Niagarafälle

Der Angelfall

Die Victoriafälle

Riesenhafte Felsen und Grotten

Ayers Rock

Die ***Mammoth Cave*** in den USA ist das längste Höhlennetz der Welt: 560 km.
Im ***Réseau Jean Bernard*** in Frankreich dagegen liegt die tiefste bekannte Grotte, 1535 m.
Die 700 m lange, 300 m breite und 70 m hohe ***Nubag Nasib Bagus*** in Malaysia ist die größte Einzelkammergrotte der Erde, es fänden darin acht Jumbo-Jets und wer weiß wie viele Jagdflugzeuge Platz …
Die längste Unterwasserhöhle befindet sich in ***Nohoc Na Chic*** in Mexiko, sie ist über 20 km lang.
Der längste ***Stalaktit*** hängt 60 m weit von der Decke der ***Cueva de Nerja*** in Spanien, der längste ***Stalagmit*** erhebt sich 32 m vom Boden der Grotte von ***Krasnohorska*** in der Slowakei.
Auch an bizarren Felsformationen gibt es einige, die rekordverdächtig sind. In der Türkei, in der Region ***Kappadokien***, erstreckt sich eine Märchenlandschaft aus fantastischen, bis zu 30 m hohen Felsgebilden über eine weite Ebene. Man nennt sie die ***Türme von Ürgüp***, kuriose, pilzförmige Formationen aus vulkanischem Gestein, die von Wind und Regen im Laufe von zwei Jahrtausenden geformt wurden. Der Mensch hat sie verschiedentlich als Wohnstätten und Felsenkirchen benutzt und ausgestaltet.
An der Nordküste Irlands entstand eine spektakuläre Formation aus ***Basaltsäulen***, mindestens 40.000 und zwischen 6 und 12 m hoch, die über 300 m Länge wie Orgelpfeifen angeordnet sind und weiter 150 m ins Meer hineinreichen.
Es handelt sich um die ***Giant's Causeway***, die legendäre Riesentreppe, die vor Jahrtausenden entstanden ist. Ein Lavastrom, der langsam erkaltete, hat unter der Einwirkung der Erosion die Form einer kolossalen Orgel angenommen, deren »Pfeifen« noch zum Teil unter den grünen Wiesen von Autrin begraben sind und deren archaische Töne man im Brandungsrauschen und den Vogelschreien zu hören glaubt.

Die Türme von Ürgüp

Die »Orgelpfeifen« entlang der irischen Küste

Die legendäre Giant's Causeway

Bizarre Felsformationen im Grand Canyon

WISSENSWERTES

Die größte Einzelfelsformation der Erde ist der ***Ayers Rock*** in Australien, ein für die Aborigines heiliger Felsen von 335 m Höhe, 2,4 km Länge und 3,5 km Umfang.

Wetterextreme

In der ***Antarktis*** werden mit 40 bis 50 °C unter Null die niedrigsten Durchschnittstemperaturen weltweit gemessen, die tiefste je gemessene Temperatur betrug in ***Vostok*** im Jahr 1983 –89,6 °C.
Der Südpol ist auch der windigste Ort der Erde. In der ***Commonwealth Bay*** erreichten Windstöße bereits die sagenhafte Geschwindigkeit von 320 km/h. Das Dorf ***Oymyakon*** in ***Sibirien*** dürfte der kälteste bewohnte Ort der Erde sein, 1933 erreichte das Thermometer dort –68 °C.
Im ***Death Valley*** in Kalifornien hingegen herrschen die höchsten Temperaturen, zumindest zwei Monate im Jahr misst man dort um die 50 °C. Die heißeste auf Erden gemessene Temperatur registrierte man jedoch in ***Al Aziziyah*** in Libyen, sie betrug 57,7 °C.

Die Atakamawüste

Das Death Valley in Kalifornien

Der große Regen

Im Gebiet von ***Shillong*** (siehe Illustration) in Indien fallen bis zu 12.000 mm Niederschläge im Jahr. Der größte Teil davon konzentriert sich auf die Monate zwischen Juni und September. Auch die Ortschaft ***Buenaventura*** in Kolumbien verzeichnet Rekordmengen an Niederschlägen, es fallen rund 7000 mm im Jahr und sorgen für ausgedehnte Überschwemmungen.
Der trockenste Ort unseres Planeten findet sich hingegen in der ***Atakamawüste*** in Chile, wo nur ein oder zwei Mal im Jahrhundert Regen fällt und es Orte gibt, die noch nie ein Regentropfen berührt hat …

Ansicht der Antarktis, eines der Kältepole der Erde

Schnee, weiss und leicht …

Die ergiebigsten jährlichen **Schneefälle** *gab es im Winter 1971/72 am Mount Rainier im US-amerikanischen Bundesstaat Washington, wo die Hänge des Berges von einer über 30 m dicken Schneeschicht überzogen wurden. Wenn während einer Stunde Schneefalls mehrere Millionen der weichen, weißen Flocken durch die Luft tanzen, wie viele mögen es dann sein, die in der Schneedecke dieses Skigebietes gelöst, komprimiert und wieder verbunden sind wie mikroskopisch kleine Galaxien …*

WISSENSWERTES

Apropos Wetter-Extreme: das schwerste ***Hagelkorn*** der Welt wog mehr als 1 kg und fiel 1986 in Bangladesch vom Himmel.

Rekorde nach Kontinenten

Europa

Fläche:	10.369.644 km²
Einwohner:	702.000.000
Größtes Land:	Russland (europäischer Teil), 4.238.500 km²
Kleinstes Land der Welt:	Vatikanstaat, 0,44 km²
Höchste Einwohnerzahl:	Russland (europäischer Teil), 113.657.000 Ew
Geringste Einwohnerzahl:	Vatikanstaat, 1000 Ew
Stadt mit den meisten Einwohnern:	Paris, 9.318.821 Ew
Küstenlänge:	37.900 km
Größte Halbinsel:	Skandinavien, 800.000 km²
Längste Bergkette:	Karpaten, 1300 km
Höchster Berg:	Montblanc (Frankreich/Italien), 4807 m
Größte Insel:	Großbritannien, 229.885 km²
Größter Golf:	Bottnischer Golf, 117.000 km²
Längster Fjord:	Sognefjord (Norwegen), 204 km
Tiefste Seehöhe:	Wolgadelta, 20 m unter dem Meeresspiegel
Größter See:	Ladoga (Russland), 18.400 km²
Längster Fluss:	Wolga (Russland), 3531 km; Fläche: 1.360.000 km²
Größter aktiver Vulkan:	Ätna (Italien), 3323 m
Größter Wasserfall:	Gavarnie (Frankreich), 421 m
Höchst gelegene Hauptstadt:	Andorra la Vella, 1070 m
Nördlichster bewohnter Ort:	Ny-Ålesund (Svalbard)
Größte Bevölkerungsdichte der Welt:	Fürstentum Monaco, 16.923 Ew/km²
Geringste Bevölkerungsdichte:	Island, 3 Ew/km²
Land mit der jüngsten Bevölkerung:	Albanien, 30% der Ew unter 15 Jahre
Land mit der ältesten Bevölkerung der Welt:	Italien und Griechenland, 48% der Ew über 60 Jahre
Land mit den meisten Männern:	Andorra, 113 Männer auf 100 Frauen
Land mit den meisten Frauen:	Lettland, 83 Männer auf 100 Frauen
Reichstes Land der Welt:	Luxemburg, 45.330 US-$ pro Ew
Ärmstes Land:	Albanien, 760 US-$ pro Ew
Wichtigster Hafen:	Rotterdam (Niederlande)
Längste Brücke der Welt:	Øresund (Dänemark/Schweden), 7845 m
Leistungsfähigstes Kraftwerk:	Wolgograd (Russland), 2.563.000 kW

Asien

Fläche:	44.661.151 km²
Einwohner:	3.640.693.000
Größtes Land:	Russland (asiatischer Teil), 12.836.900 km²
Kleinstes Land:	Malediven, 298 km²
Höchste Einwohnerzahl der Welt:	China, 1.248.100.000 Ew
Geringste Einwohnerzahl:	Malediven, 278.000 Ew
Stadt mit den meisten Einwohnern:	Chongqing (China), 30.600.000 Ew
Küstenlänge:	69.900 km
Größte Halbinsel der Welt:	Arabische Halbinsel, 2.730.000 km²
Längste Bergkette:	Himalaja Karakorum, 2500 km
Höchster Berg der Welt:	Mount Everest (Nepal/China), 8850 m
Größte Hochebene der Welt:	Tibet (China), 1.200.000 km²
Höchster Bergpass der Welt:	Karakorumpass (Himalaja), 5575 m
Größte Wüste:	Gobi, 1.096.000 km²
Größte Insel:	Neuguinea, 785.000 km²
Größter Golf der Welt:	Bengalischer Golf, 2.172.000 km²
Tiefste Seehöhe:	Totes Meer (Israel/Jordanien), 400 m unter dem Meeresspiegel
Größter See der Welt:	Kaspisches Meer (Europa, Asien), 371.000 km²
Tiefster See der Welt:	Baikalsee, Russland, 1620 m
Längster Fluss:	Jangtse (Großer Fluss), China, 5987 km, Fläche: 1.826.715 km²
Größter aktiver Vulkan:	Klju¢i, 4750 m
Größter Wasserfall:	Gersoppa (Indien), 253 m
Höchst gelegene Hauptstadt:	Lhasa (Tibet), 3630 m
Größte Bevölkerungsdichte:	Singapur, 5129 Ew/km²
Geringste Bevölkerungsdichte der Welt:	Mongolei, 1,6 Ew/km²
Land mit der jüngsten Bevölkerung:	Yemen, 48% der Ew unter 15 Jahre
Land mit der ältesten Bevölkerung:	Japan, 45% der Ew über 60 Jahre
Land mit den meisten Männern:	Qatar, 189 Männer auf 100 Frauen
Land mit den meisten Frauen:	Georgien, 92 Männer auf 100 Frauen
Reichstes Land:	Japan, 38.160 US-$ pro Ew
Ärmstes Land:	Nepal, 220 US-$ pro Ew
Wichtigster Hafen:	Chiba (Japan)
Längste Hängebrücke der Welt:	Akashi Kaikyo (Japan), 3911 m
Größter Staudamm der Welt:	Drei-Schluchten am Jangtse (China), 1045 km²
Höchste Türme der Welt:	Petronas Towers in Kuala Lumpur (Malaysia), 452 m
Größter Flughafen der Welt:	Chek Lap Yok (Hongkong), 1248 ha
Längster Eisenbahntunnel unter dem Meer:	Seikan (Japan), 53.850 m

Rekorde nach Kontinenten

Afrika

Fläche:	30.210.372 km²
Einwohner:	763.621.000
Größtes Land:	Sudan, 2.503.890 km²
Kleinstes Land:	Seychellen, 455 km²
Höchste Einwohnerzahl:	Nigeria, 108.945.000 Ew
Geringste Einwohnerzahl:	Seychellen, 77.000 Ew
Stadt mit den meisten Einwohnern:	Kairo (Ägypten), 9.900.000 Ew
Küstenlänge:	30.500 km
Längste Bergkette:	Atlas, 2500 km
Höchster Berg:	Kilimandscharo (Kenia/Tansania), 5895 m
Größte Ebene:	Serengeti, 14760 km²
Größte Wüste der Welt:	Sahara, 9.000.000 km²
Größte Insel:	Madagaskar, 587.000 km²
Tiefste Seehöhe:	Assalsee (Dschibuti), 150 m unter dem Meeresspiegel
Größter See:	Victoriasee, 68.100 km²
Längster Fluss der Welt:	Nil, 6671 km, Fläche 2.867.000 km²
Größter aktiver Vulkan:	Kamerun (Kamerun), 4070 m
Größter Wasserfall:	Tugela (Südafrika), 948 m
Höchst gelegene Hauptstadt:	Addis Abeba (Äthiopien), 2408 m
Höchste weltweit registrierte Temperatur:	57,7 °C in Al Aziziyah (Libyen)
Größte Bevölkerungsdichte:	Mauritius, 617 Ew/km²
Geringste Bevölkerungsdichte:	Namibia, 2 Ew/km²
Land mit der jüngsten Bevölkerung der Welt:	Uganda, 50% der Ew unter 15 Jahre
Land mit der ältesten Bevölkerung:	Seychellen, 19% der Ew über 60 Jahre
Land mit den meisten Männern:	Libyen, 108 Männer auf 100 Frauen
Land mit den meisten Frauen:	Kapverden, 87 Männer auf 100 Frauen
Reichstes Land:	Seychellen, 6910 US-$ pro Ew
Ärmste Länder der Welt:	Demokratische Republik Kongo, Äthiopien, Somalia, 100–110 US-$ pro Ew
Wichtigster Hafen:	Casablanca (Marokko)
Leistungsfähigstes Kraftwerk:	Cahora Bassa (Mozambique) 4.150.000 kW
Höchstes Gebäude:	Carlton Centre (Johannesburg, Südafrika), 220 m
Höchste Eisenbahn:	Mombasa-Kampala, 2784 m
Längster Kanal der Welt:	Suezkanal, 161 km
Größte Handelsflotte der Welt:	Liberia, 59.800.742 Tonnen Laderaum

Nord- und Mittelamerika

Fläche:	24.229.474 km²
Einwohner:	475.817.000
Größtes Land:	Kanada, 9.970.610 km²
Kleinstes Land:	Saint Kitts und Nevis, 269 km²
Höchste Einwohnerzahl:	Vereinigte Staaten, 276.218.000 Ew
Geringste Einwohnerzahl:	Saint Kitts und Nevis, 39.000 Ew
Stadt mit den meisten Einwohnern:	New York, 19.938.492 Ew
Längste Bergkette:	Rocky Mountains (USA), 4500 km
Höchster Berg:	Mount McKinley (USA), 6914 m
Größte Insel:	Grönland (Dänemark), 2.175.600 km²
Größter Golf:	Golf von Mexiko, 1.544.000 km²
Tiefste Seehöhe:	Death Valley, 86 m unter dem Meeresspiegel
Größter See:	Oberer See (USA), 84.131 km²
Tiefster See:	Crater (USA), 589 m
Längster Fluss:	Mississippi-Missouri, 5620 km, Fläche: 3.328.000 km²
Größter aktiver Vulkan:	Mauna Loa (Hawaii, USA), 4170 m, 9144 m vom Meeresgrund gemessen
Größter Wasserfall:	Yosemite (USA), 739 m
Längstes Grottensystem der Welt:	Mammoth Cave (USA), 565 km
Tiefste Schlucht der Welt:	Grand Canyon (Arizona, USA); Länge: 446 km, Breite: 16 km, Tiefe: 1600 m
Längste Staatsgrenze der Welt:	USA-Kanada, 6416 km
Höchster Geysir der Welt:	Steamboat Geysir (Yellowstone, USA), 115 m
Höchst gelegene menschliche Siedlung:	Leadville (Colorado, USA), 3109 m
Niedrigste menschliche Siedlung:	Calipatria (Kalifornien, USA), 56 m unter dem Meeresspiegel
Größte Bevölkerungsdichte:	Barbados, 624 Ew/km²
Geringste Bevölkerungsdichte:	Kanada, 3 Ew/km²
Land mit der jüngsten Bevölkerung:	Guatemala, 44% der Ew unter 15 Jahre
Land mit der ältesten Bevölkerung:	Kanada, 33% der Ew über 60 Jahre
Land mit den meisten Männern:	Dominica, 108 Männer auf 100 Frauen
Land mit den meisten Frauen:	Antigua und Barbuda, 92 Männer auf 100 Frauen
Reichstes Land:	USA, 29.080 US-$ pro Ew
Ärmstes Land:	Haiti, 380 US-$ pro Ew
Wichtigster Hafen:	Vancouver (Kanada)
Größter Vergnügungspark der Welt:	Disney World, USA, 122 km²
Größter Flughafen der Welt:	O'Hare (Chicago, USA)
Längster Autostraßenviadukt:	Pontchartrain (Louisiana, USA), 38.350 m
Längster Eisenbahntunnel:	Cascade (Washington, USA), 12.550 m

Rekorde nach Kontinenten

Südamerika

Fläche:	17.857.561 km²
Einwohner:	337.831.000
Größtes Land:	Brasilien, 8.547.393 km²
Kleinstes Land:	Trinidad-Tobago, 5128 km²
Höchste Einwohnerzahl:	Brasilien, 163.948.000 Ew
Geringste Einwohnerzahl:	Surinam, 415.000 Ew
Stadt mit den meisten Einwohnern:	São Paolo (Brasilien), 16.583.234 Ew
Küstenlänge:	28.700 km
Größte Halbinsel:	La Guaijra (Kolumbien,Venezuela), 14.000 km²
Längste Bergkette der Welt:	Andenhauptkamm, 7500 km
Höchster Berg:	Aconcagua (Chile, Argentinien), 6959 m
Größte Ebene:	Pampa (Argentinien, Paraguay), 1.250.000 km²
Tiefste Seehöhe:	Halbinsel Valdés (Argentinien), 40 m unter dem Meeresspiegel
Größter See:	Maracaibo (Venezuela), 14.243 km²
Längster Fluss:	Amazonas, 6280 km, Fläche: 7.050.000 km²
Weltweit am meisten Wasser führender Fluss:	Amazonas, 200.000 m³/Sek.
Größter aktiver Vulkan:	Láscar (Chile), 6641 m
Größter Wasserfall der Welt:	Angelfall (Venezuela), 972 m
Größte Lagune der Welt:	Lagoa dos Potos (Brasilien), 9850 km²
Trockenster Ort der Welt:	Atakamawüste (Chile)
Höchst gelegene Hauptstadt der Welt:	Quito (Ecuador), 2817 m
Höchste Stadt:	Potosi (Bolivien), 3976 m
Höchster bewohnter Ort:	Aucanquilcha (Chile), 5300 m
Südlichste Stadt der Welt:	Ushuaia (Argentinien)
Größte Bevölkerungsdichte:	Trinidad-Tobago, 251 Ew/km²
Geringste Bevölkerungsdichte:	Surinam, 2,5 Ew/km²
Land mit der jüngsten Bevölkerung:	Bolivien und Paraguay, 40% der Ew unter 15 Jahre
Land mit der ältesten Bevölkerung:	Uruguay, 34% der Ew über 60 Jahre
Land mit den meisten Männern:	Ecuador, 101 Männer auf 100 Frauen
Land mit den meisten Frauen:	Argentinien, 96 Männer auf 100 Frauen
Reichstes Land:	Argentinien, 8950 US-$ pro Ew
Ärmstes Land:	Guyana, 800 US-$ pro Ew
Höchste Eisenbahnstrecke der Welt:	Lima-La Oroya (Peru), 4829 m
Leistungsfähigstes Kraftwerk der Welt:	Itaipù (Paraguay, Brasilien), 13.320.000 kW

Ozeanien, Antarktis

Fläche:	8.522.559 km²
Einwohner:	31.469.000
Größtes Land:	Australien, 7.682.300 km²
Kleinstes Land:	Nauru, 21 km²
Höchste Einwohnerzahl:	Australien, 18.962.000 Ew
Geringste Einwohnerzahl:	Nauru und Tuvalu, 11.000 Ew
Stadt mit den meisten Einwohnern:	Sydney (Australien), 3.986.000 Ew
Küstenlänge:	19.600 km
Größte Halbinsel:	York, 195.000 km²
Höchster Berg:	Mount Wilhelm (Papua-Neuguinea), 4509 m
Größter Monolith der Welt:	Ayers Rock, Australien; Höhe: 348 m Länge: 2,5 km, Durchmesser: 1,6 km
Größte Insel:	Neuguinea, 785.000 km²
Größte Sandinsel der Welt:	Fraser Island, 120 km Länge
Größter Golf:	Carpentaria, 310.000 km²
Größtes Korallenriff der Welt:	Großes Barriereriff, 2027 km
Tiefste Seehöhe:	Eyre-See (Australien), 12 m u. Meeresspiegel
Größter See:	Eyre-See (Australien), 9583 km²
Längster Fluss:	Murray-Darling, 3490 km
Tiefster See:	Manapouri (Neuseeland), 443 m
Größter Wasserfall:	Sutherland (Neuseeland), 579 m
Größte Bevölkerungsdichte:	Nauru, 519 Ew/km²
Geringste Bevölkerungsdichte:	Australien, 2,5 Ew/km²
Land mit der jüngsten Bevölkerung:	Marshall, 49% der Ew unter 15 Jahre
Land mit der ältesten Bevölkerung:	Australien, 32% der Ew über 60 Jahre
Land mit den meisten Männern:	Palau, 115 Männer auf 100 Frauen
Land mit den meisten Frauen:	Neuseeland, 97 Männer auf 100 Frauen
Reichstes Land:	Australien, 20.650 US-$ pro Ew
Ärmstes Land:	Tuvalu, 650 US-$ pro Ew

Fläche:	14.107.637 km²
Einwohner:	Nur Wissenschaftler der Forschungsstationen (je nach Saison zwischen 1000 und 5000)
Forschungsstationen:	38 (Argentinien 6, Australien 3, Brasilien 1, Chile 3, China 2, Frankreich 1, Deutschland 1, Japan 2, Indien 1, Italien 1, Neuseeland 1, Polen 1, U.K. 6, Russland 5, USA 3, Südafrika 1)
Höchster Berg:	Mount Vinson, 5140 m
Größer aktiver Vulkan:	Erebus, 3784 m
Größter Gletscher der Welt:	Lambertgletscher, 64 km breit, 402 km lang
Tiefste Temperatur der Welt:	–89,6 °C, Vostok
Maximale Windgeschwindigkeit:	300 km/h

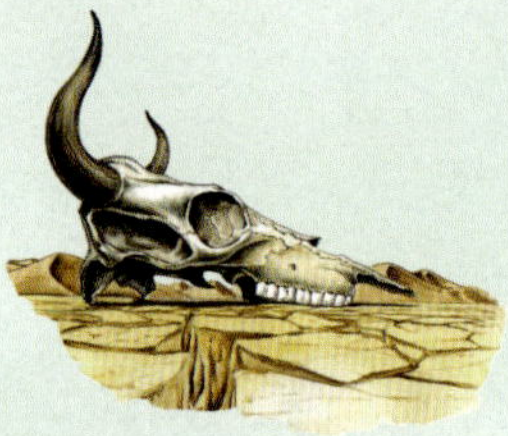

Everest: Auf der Jagd nach dem Gipfelsieg

Ein halbes Jahrhundert nach der Erstbesteigung des Everest durch den neuseeländischen Alpinisten *Edmund Hillary* und den Sherpa *Tensing Norgay* handelt es sich nunmehr bei der Bezwingung dieses legendären Gipfels nicht mehr um eine Ausnahmeerscheinung, sondern sogar, wenn man der Berichterstattung in Presse und Fernsehen glauben darf, beinahe um ein Massenphänomen.

Bisher hält das Jahr 2001 den Rekord mit den meisten Besteigungen, 182 Bergsteiger erreichten den legendären Gipfel des Dachs der Welt, was gegenüber dem Vorjahr mit 142 Gipfelsiegen oder 1999 mit 116 eine deutliche Steigerung bedeutet. Einen traurigen Rekord hält 1997, es war das Jahr mit den meisten Toten, 15 Alpinisten ließen ihr Leben an den Flanken des umkämpften Berges.

Viele von ihnen waren eigentlich keine richtigen Alpinisten, eher »Touristen«, die Summen zwischen 50.000–60.000 US-Dollar hinblätterten, um von erfahrenen Führern zum Gipfelsieg geleitet zu werden. Angesichts dieser Summen zögerten die meisten Führer nicht mehr, die zahlenden Gäste in das Basecamp zu bringen, das zuvor echten, in solchen Höhen erfahrenen Extrembergsteigern vorbehalten und für Leute unerreichbar war, die sich den Rausch der Herausforderung und das Hochgefühl einer erbrachten Höchstleistung mit Geld erkaufen wollten.

REKORDE *im* WELTRAUM

Vom Ende der Welt

Links: Drei Stadien im Verlauf der Geburt eines Sterns
Unten: Darstellung des Urknalls

Das Universum enthält mehr Sterne als alle Strände der Welt zusammen Sandkörner besitzen, und es ist so groß, dass ein Lichtstrahl aus der äußersten Ecke des Raumes Milliarden von Jahren braucht, um auf der Erde anzulangen. Das bedeutet, dass Astronomen, die ferne Galaxien beobachten, diese so sehen wie sie vor 14 Milliarden Jahren bei ihrer Entstehung waren, das heißt etwa eine Milliarde Jahre nach der Geburt des Universums. Je weiter wir mit unseren Radioteleskopen in die Ferne blicken können, umso weiter reisen wir in der Vergangenheit zurück.

Die Konstellation der Plejaden

Der Ursprung des Universums

Vor 15 Milliarden Jahren, in einem unvorstellbar winzigen Zeitraum, begann das Universum nach einer kosmischen Explosion, dem ***Urknall***, sich bei einer Temperatur von Milliarden und Abermilliarden von Graden in einem einzigen Augenblick auf milliarden- und abermilliardenfache Größe auszudehnen. So lautet vereinfacht jene Hypothese von der Entstehung des Universums, die heute von der Mehrzahl der Wissenschaftler vertreten wird. Doch es gibt auch Theorien, die von Paralleldimensionen, Blasen im Hyperraum und Quantenfluktuationen ausgehen oder eine unendliche Abfolge von Dehnung und Kontraktion annehmen.

Unermessliche Weiten

Wenn die **Sonne** *nur einer unter den unzähligen, rund 200 Milliarden Fixsternen ist, die die* **Milchstraße**, *eine riesige kosmische Scheibe mit spiralförmigen Armen und einem Durchmesser von 60.000 Lichtjahren bevölkern, so ist diese auch nur eine von geschätzten 50 Milliarden Galaxien des Universums, die ihrerseits wieder gigantische Sternenansammlungen bilden.*
Die größte Ansammlung von Galaxien im Universum erstreckt sich über 650 Milliarden Lichtjahre.

Wissenswertes

Der Raum ist so unermesslich groß, dass selbst die schnellste Rakete 100.000 Jahre brauchen würde um den unserer Erde nach der Sonne am nächsten gelegenen Fixstern zu erreichen.

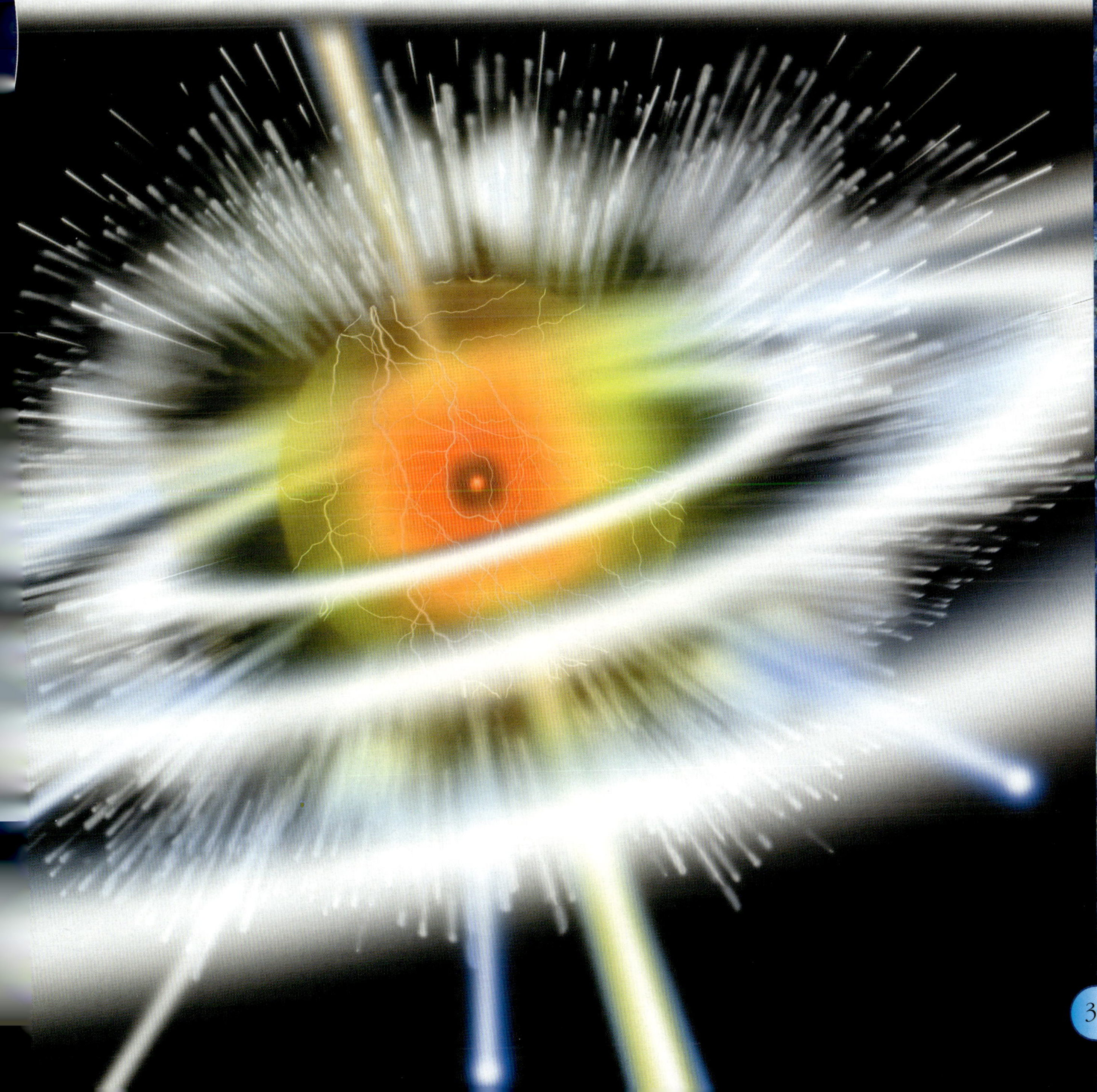

Ferne »Nachbarn«

Venus und ***Andromeda*** sind die jeweils der Erde am nächsten liegenden Planeten und Galaxien. Beide sind mit freiem Auge von der Erde aus zu sehen, sowie rund 3000 weitere Punkte, die man in sternenklaren Nächten unterscheiden kann. Sie sind unfassbare 40 Millionen km bzw. 2,5 Millionen Lichtjahre von der Erde entfernt. Wenn der ***Mond*** jener Himmelskörper ist, der der Erde am nächsten liegt, so ist ***Proxima Centauri*** der am nächsten gelegene Fixstern – er befindet sich »nur« 4,3 Lichtjahre von unserem Planeten entfernt.

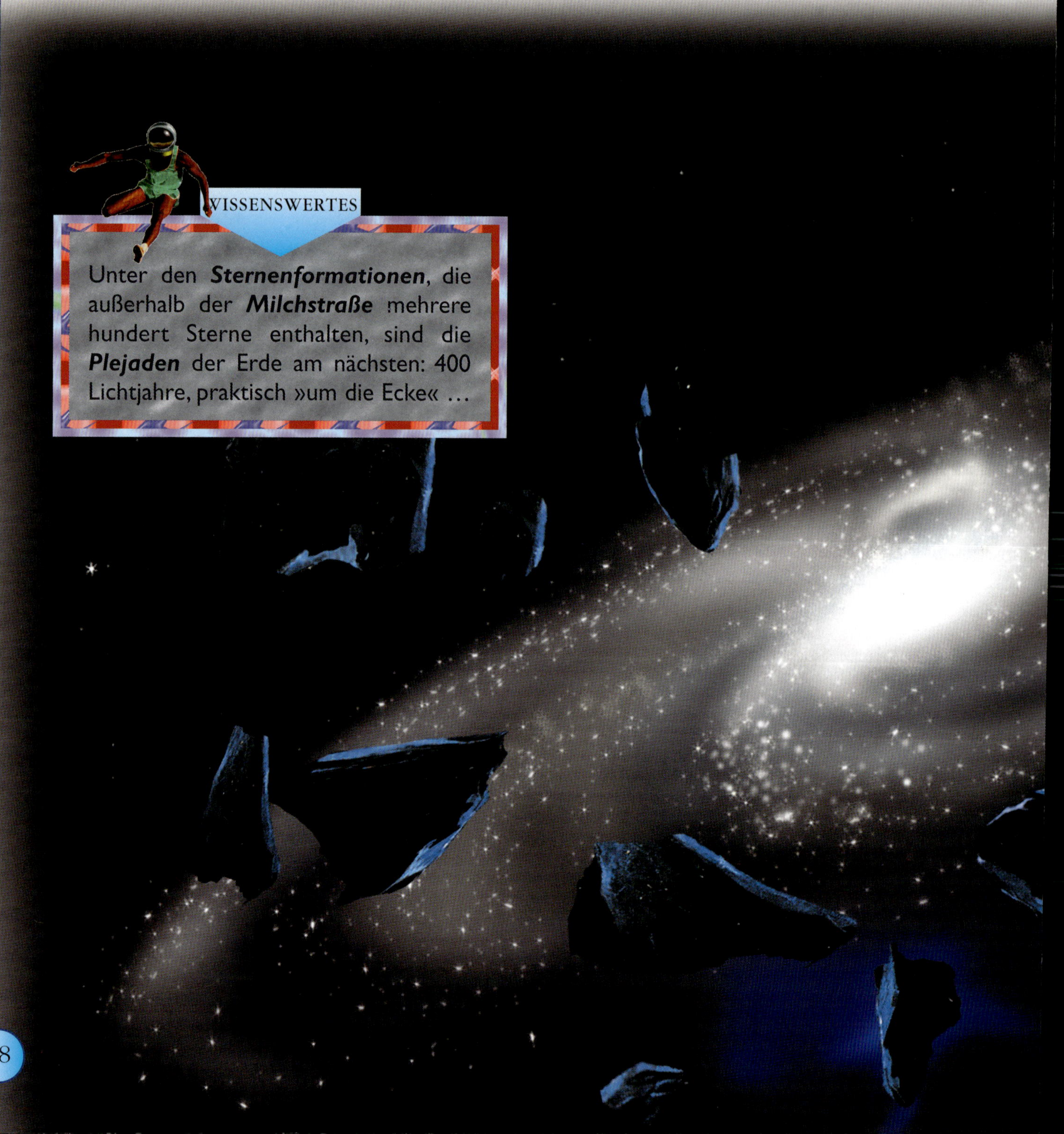

WISSENSWERTES

Unter den ***Sternenformationen***, die außerhalb der ***Milchstraße*** mehrere hundert Sterne enthalten, sind die ***Plejaden*** der Erde am nächsten: 400 Lichtjahre, praktisch »um die Ecke« …

Das Zentrum der Milchstraße ist von einem Ring aus kosmischen Gasen umgeben. Das große Bild zeigt eine Ansicht unserer Galaxie, der Milchstraße.

KONSTELLATIONEN

Der Sternenhimmel, den wir von der Erde aus beobachten können, wird in 88 Sternbilder oder **Konstellationen** *eingeteilt. Am größten ist* **Hydra**, *sie nimmt eine Fläche ein, die 3,16% des gesamten Himmels entspricht und enthält mindestens 68 Sterne. Am kleinsten ist das Kreuz des Südens oder* **Crux Australis**, *es nimmt »nur« etwa 0,16% des Nachthimmels ein.*

Riesen und Zwerge

Der bekannte Halleysche Komet

Sterne können etwa »mittelgroß« sein wie unsere ***Sonne***, es gibt aber auch Riesen und Zwerge. Zur Veranschaulichung der Verhältnisse wollen wir annehmen, die Sonne sei so groß wie ein Fußball. Ein Riese wäre dann eine Kugel, in der man leicht eine Großstadt unterbringen könnte, während der Zwerg so groß wäre wie eine Murmel.

Betelgeuse ist ein solcher Supergigant in der Konstellation ***Orion*** und hat einen Durchmesser, der 750-mal jenem unserer Sonne entspricht. Auch ***Antares*** kann mithalten: er ist etwa 640-mal so groß wie

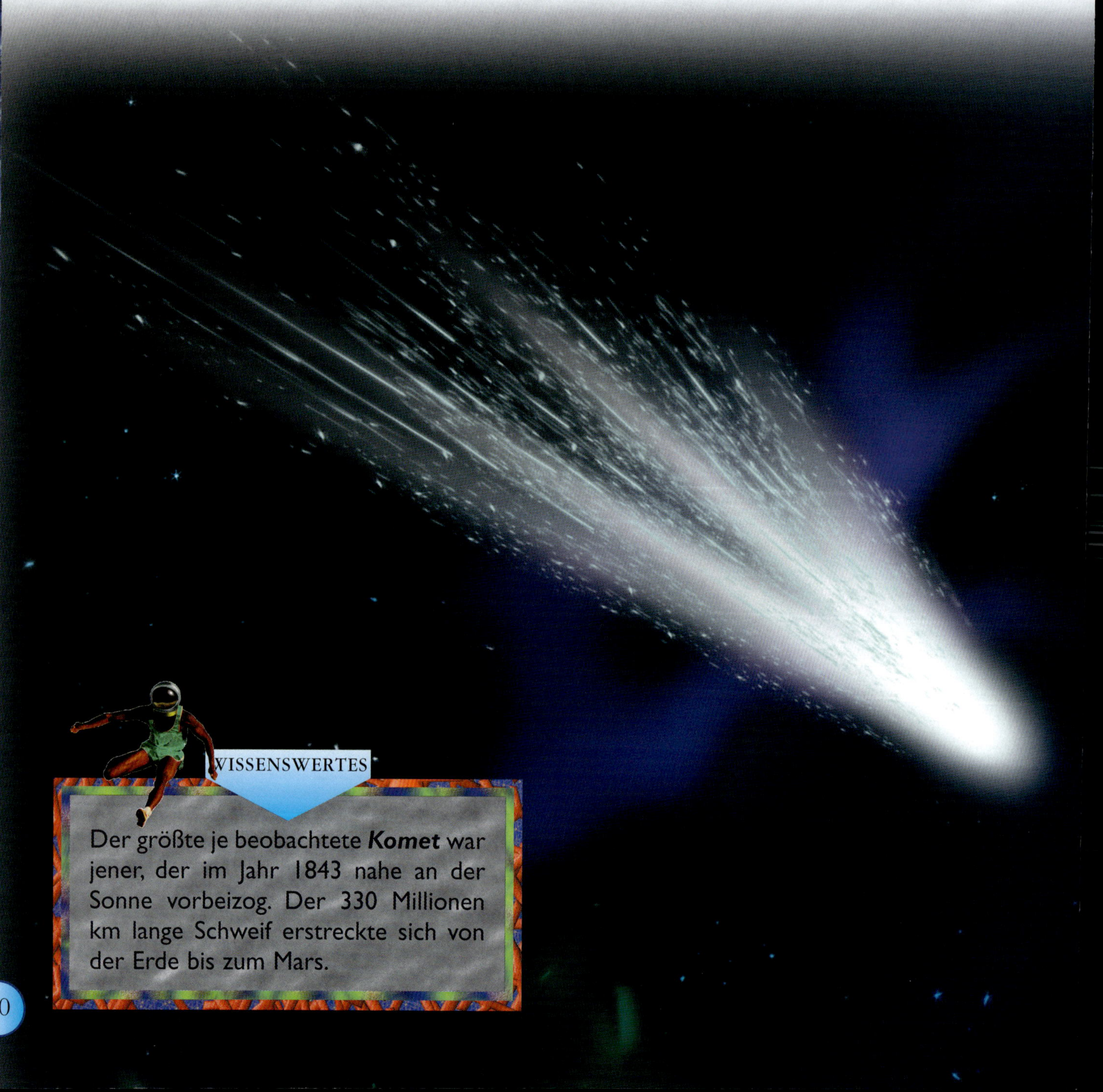

WISSENSWERTES

Der größte je beobachtete ***Komet*** war jener, der im Jahr 1843 nahe an der Sonne vorbeizog. Der 330 Millionen km lange Schweif erstreckte sich von der Erde bis zum Mars.

Ein Komet aus der Nähe betrachtet

unsere Sonne. Weiter entfernt folgen ***Mira, Deneb, Aldebaran*** und ***Canopus***, Sterne, die antike Fabelnamen tragen und deren Letzter in der Leuchtkraft nur ***Sirius*** nachsteht.

Der jüngste Stern der Milchstraße ist ein Proto-Doppelstern namens ***IRAS-4***, der in der ***Molekülwolke NGC 1333*** im Sternbild Perseus, 1100 Lichtjahre von der Erde entfernt, Verstecken spielt.
Bevor diese Protosterne erstrahlen können wie Sirius müssen erst mindestens weitere 100.000 Jahre vergehen.
Die rund 60 ältesten Sterne stehen in einer fernen Ecke oberhalb der Scheibe der Galaxie, die sich etwa eine Milliarde Jahre nach dem Urknall vor 14 Milliarden Jahren gebildet hat.

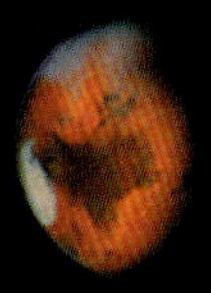

Schweifsterne

In der tiefen Kälte des Raumes an den Rändern unseres Sonnensystems sind **Kometen** wie viele Schneebälle von der Größe eines Autobahnabschnitts zwischen zwei Ausfahrten ... Wenn die meisten davon auch Jahrtausende brauchen, um ihre Bahn zu ziehen (der *Encke-Komet* etwa 3302 Jahre, der *Pons-Winnecke-Komet* sogar 6125), so gibt es doch auch einige, die in Intervallen von Jahrhunderten oder sogar Jahrzehnten unser Sonnensystem durchziehen.

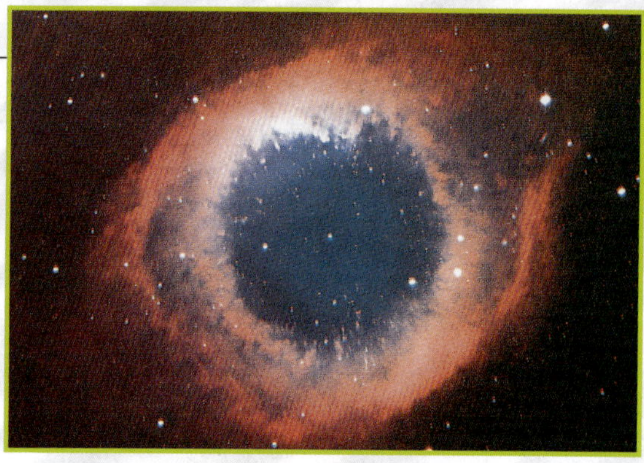
Der Helixnebel

Schnell wie der Blitz

Den Geschwindigkeitsrekord im Universum hält das Licht. Ein Lichtstrahl durchquert in einer Sekunde rund 300.000 km, das ergibt in einer Stunde 1078 Millionen km, in einem Jahr wären das 9500 Milliarden km: Diese Entfernung wird unter Astronomen gewöhnlich als ***Lichtjahr*** bezeichnet.

Wenn das Licht von der ***Erde*** zum ***Mond*** 1,3 Sekunden braucht, dann benötigt es 6 Stunden bis es ***Pluto*** erreicht, 100.000 Jahre bis es unsere Galaxie, die ***Milchstraße***, verlässt, und schließlich 2,8 Millionen Jahre bis es die Grenzen von ***Andromeda***, der nächsten Galaxie, erreicht hat. Um die Grenzen des Universums erreichen zu können wären es 15 Milliarden Jahre – gleich viel wie seit dem Ursprung des Universums vergangen sind. Die ***Sonne***, die Erde und unser gesamtes ***Sonnensystem*** kreisen um das Zentrum der Milchstraße mit der unvorstellbaren Geschwindigkeit von 900.000 km/h!

Die hellsten Himmelskörper

Der hellste Stern an unserem Nachthimmel ist der ***Sirius***, den die Griechen »den Leuchtenden« nannten. Er gehört zum Sternbild des ***Großen Hundes*** und ist etwa 2-mal so groß und 20-mal so lichtstark wie unsere Sonne. Absolut betrachtet ist der hellste Himmelskörper des Universums jedoch der ***Quasar HS 1946+7658*** (Quasare sind die Kerne alter Galaxien, die Radiowellen aussenden und sich fast so schnell wie das Licht durch den Raum bewegen). Er ist 15-mal so leuchtstark wie die Sonne. Die dunkelsten Himmelskörper sind die so genannten ***dunklen Nebel.***

WISSENSWERTES

Ein professioneller Rennfahrer an Bord eines schnellen Sportwagens bräuchte 340 Milliarden Jahre – und wer weiß wie viele Tankfüllungen –, also 25-mal so lange wie unser Universum alt ist, um so weit ins Zentrum der Milchstraße zu gelangen, wie er vom Ausgangspunkt aus sehen kann.

ZUM ZÄHNEKLAPPERN …

Auf **Triton**, *einem der Monde des Neptuns, sind Temperaturen von –235 °C in der Sonne an der Tagesordnung. Das ist aber noch warm im Vergleich zum* **Boomerang-Nebel**, *einer Wolke aus Gas und Staub, die sich 5000 Lichtjahre von der Erde entfernt an einem der Kältepole des Universums befindet: Es hat dort gemessene –270 °C …*

Hubble Deep Field, eine Aufnahme des Weltraums von zuvor nie erreichter Tiefe, auf

Den Himmel beobachten

Um das Weltall zu beobachten, verwenden Raumforscher und Astronomen immer ausgefeiltere ***Teleskope***. Heute zeigt ein einfacher Feldstecher ebenso viel an Details in der Ferne wie ***Galileo Galileis Fernrohr*** aus dem Jahre 1609, und zur Erforschung der Tiefen des Raumes werden hochkomplexe Apparate eingesetzt: Das *Hubble Space Telescope* liefert uns heute von außerhalb der Atmosphäre gestochen scharfe Bilder von Himmelskörpern, die nie ein menschliches Auge geschaut hat. Es ist in etwa so groß wie ein Autobus und kreist im Orbit alle 90 Minuten einmal um die Erde. *Chandra* nennt sich das stärkste Röntgenteleskop der Welt, es kreist in einer 200-mal so großen Bahn um die Erde wie das Hubble-Teleskop und kann auf große Entfernungen so viele Details ausmachen wie ein Autofahrer, wenn er etwa eine 20 km entfernt stehende Straßenkarte mit freiem Auge lesen könnte. Auf dem *Mauna Kea* in Hawaii sind die beiden derzeit größten optischen Teleskope der Welt installiert, *Keck I* und *Keck II.* Sie haben große Kuppeln

Links: Galileos Fernrohr;
unten: *Hubble Space Telescope* (HST)

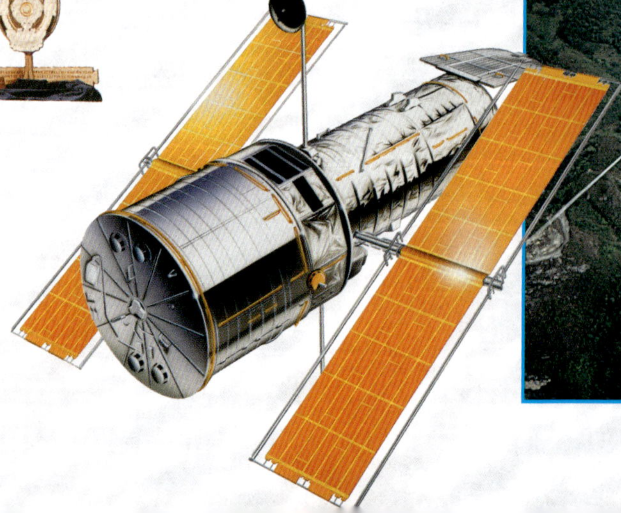

Das Arecibo-Radioteleskop

dem man auch Himmelskörper erkennen kann, die erst im Entstehen begriffen sind.

und einen Spiegeldurchmesser von 10 m. Auf einem Hochplateau in New Mexico (USA) steht eine der modernsten und größten aktiven Radioteleskopanlagen unserer Zeit namens *Very Large Array*. Es handelt sich um 27 identische zusammengeschaltete Radioteleskope, die jedes Funksignal von Planeten, Sternen, Galaxien – und, wer weiß, vielleicht außerirdischem Leben – auffangen können! 1974 haben Forscher mit dem *Radioteleskop Arecibo* in Puerto Rico Signale in Richtung des Kugelsternhaufens ***M13*** abgesetzt. Eine eventuelle Antwort ist jedoch aufgrund der Entfernung allenfalls in 44.000 Jahren auf der Erde zu erwarten …

Wenn ab 2007 das *Next Generation Space Telescope* (NGST) in den Raum geschossen wird – es soll angeblich im Mondorbit stationiert werden und den Namen *James Webb* tragen –, werden uns die Augen wohl von neuem aufgehen, denn es arbeitet mit einem Spiegel von 8 m Durchmesser aus Abschnitten, die sich wie Blütenblätter öffnen können.

Das *Darwin*-Projekt der ESA besteht aus sechs Teleskopen, die in Zukunft wichtige Dienste bei der Suche nach Planeten im optischen Bereich leisten sollen.

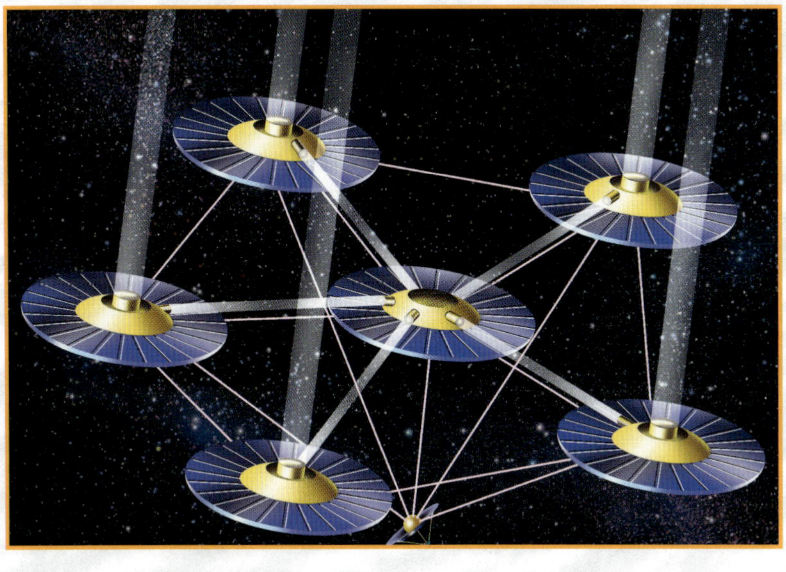

Das *Next Generation Space Telescope* als Prototyp

Unser Sonnensystem

Unser ***Sonnensystem*** (siehe Illustration) besteht aus der Sonne und einer Anzahl von Himmelskörpern, die um sie kreisen: 9 ***Planeten***, 61 ***Monden, Asteroiden*** und ***Kometen*** sowie einer großen Menge an ***Staub*** und ***Gasen***, die Reste der ***kosmischen Wolke*** darstellen, aus denen es vor etwa 5 Milliarden Jahren entstanden ist.

Die Sonne

Die Sonne ist nur einer von Billionen von Fixsternen im Universum, und eigentlich eher klein, obwohl sie 99,99% der gesamten Materie des Sonnensystems enthält und unsere Erde darin 1.400.000-mal Platz fände. Sie besteht hauptsächlich aus Helium und Wasserstoff, der Druck in ihrem Kern ist 200 Billionen Mal größer als der auf der Erdoberfläche gemessene, die Kerntemperatur beträgt etwa 14 Millionen Grad. In der äußersten, etwa 300 km dicken Schicht, der Photosphäre, herrschen Temperaturen um 5500 °C. Vom Zeitpunkt des Aussterbens der Dinosaurier an gerechnet, was in etwa 200 Millionen Jahren entspricht, hat die Sonne nur einmal ihre Umlaufbahn in der Galaxis vollzogen. Also eine Runde in der Milchstraße …

Die verschiedenen Phasen der Planetenbildung

WISSENSWERTES

In einer Sekunde generiert die ***Sonne*** mehr Energie als das gesamte Menschengeschlecht während seiner jahrtausendelangen Geschichte verbraucht hat. Mit einem PS-starken Geländewagen bräuchte man etwa 170 Jahre um von der Erde zur Sonne zu gelangen.

Asteroiden

Rund um die ***Sonne*** sowie zwischen ***Mars*** und ***Jupiter*** kreisen tausende von Felsmassen (mindestens 4000 sind bekannt), genannt ***Asteroiden***. Sie sind jedoch so weit voneinander entfernt, dass man in einem Raumschiff selbst in dem Bereich, in dem die meisten von ihnen anzutreffen sind, wohl tagelang umherfliegen könnte, ohne nur einen einzigen zu Gesicht zu bekommen. ***Ceres***, der größte von ihnen, hat einen Durchmesser von 1000 km, doch es gibt nur wenige Asteroiden, die mehr als 100 km Durchmesser aufweisen. Der kleinste bekannte, ***1993 KA2***, hat gerade einmal 5 m Durchmesser … Jedenfalls entspricht die Masse aller im Sonnensystem zirkulierenden Asteroiden nicht einmal zu einem Drittel jener des Mondes.

Asteroiden trifft man niemals allein an, sie ziehen in Schwärmen durch das Universum wie links im Bild gezeigt. Unten: Ein Felsblock aus interplanetarischem Gestein. Rechts: Ein Meteorit vor dem Einschlag in einen größeren Himmelskörper.

WISSENSWERTES

Der bisher größte ***Meteorit*** wurde in Namibia, Afrika, gefunden: 2,7 m lang, 2,4 m breit, 60 Tonnen schwer – wie eine Fußballmannschaft aus Elefanten!

Vom Himmel fallende Felsblöcke und Sternschnuppen

Viele kleinere Felsblöcke, Fragmente von Kometen, winzige Planeten eines Lilliput-Systems kreisen um die **Sonne**, *und täglich kollidieren einige davon mit anderen Himmelskörpern oder schlagen auf der Erde ein. Glücklicherweise sind sie jedoch nur im Rhythmus mehrerer Dutzend Millionen Jahre jemals groß genug, um eine Katastrophe auszulösen. Viel häufiger sind sie klein und fallen niemandem auf den Kopf, weil sie in menschenleeren Gegenden niedergehen … Der größte bekannte Meteorkrater ist der Devil's Canyon in Arizona, er misst 1200 m im Durchmesser, ist 183 m tief und wahrscheinlich etwa 50.000 Jahre alt.*

Merkur

Merkur ist der unserer Sonne am nächsten gelegene Planet. Die Temperaturen betragen auf seiner Oberfläche tagsüber zwar rund 350 bis 400 °C, nachts jedoch fallen sie wegen des Fehlens einer Atmosphäre auf bis zu –170 °C. Sein Kern besteht aus Nickel und Eisen und ist größer als der Mond, das *Calorisbecken* ist ein Krater auf seiner Oberfläche, der etwa halb so groß ist wie Nordamerika. Der Merkur zieht eine lang gezogene Bahn um die Sonne und ist schneller als jeder andere Planet, er hat einen Durchmesser von 4878 km. Ein Merkur-Tag entspricht 58,6 Erdentagen, das Merkurjahr zählt 88 Erdentage, die mittlere Entfernung zur Sonne beträgt 58 Millionen km.

Venus

Venus ist der hellste Himmelskörper nach Sonne und Mond und der heißeste und unwirtlichste Planet des gesamten Sonnensystems. Er ist von einem dichten Schleier aus Nebel und einer stark kohlendioxydhaltigen Atmosphäre umgeben, auf den weiten Ebenen, auf denen sich 167 Vulkane (einige sogar mit rund 8000 m Höhe) erheben, herrscht eine Temperatur von mindestens 480 °C. Sogar Blei würde hier schmelzen. Unentwegt fällt dabei der schwefelsäurehaltige Regen, der atmosphärische Druck ist 90-mal höher als auf der Erde. Der Durchmesser der Venus beträgt 12.104 km, ein Venustag entspricht 243 Erdentagen und ein Venusjahr 225 Erdentagen. Die mittlere Entfernung zur Sonne beträgt 108 Millionen km.

Sind wir allein in der Galaxis?

Ein Astronom namens Frank Drake hat 1960 eine seither nach ihm benannte Formel erstellt, nach der sich die Anzahl hypothetischer außerirdischer Zivilisationen in der Milchstraße rechnerisch ermitteln lässt:
$N = R^{*} \times fs \times fp \times ne \times fl \times fi \times fc \times L$. Um **N**, die Anzahl der in der Milchstraße existierenden Zivilisationen, die man mit Hilfe elektromagnetischer Signale entdekken könnte, zu erhalten, multipliziert man acht Faktoren: **R*** ist die Rate der gebildeten Sterne, die intelligentes Leben beherbergen können, **fs** entspricht dem Anteil an sonnenähnlichen Sternen, **fp** dem Anteil an Sternen mit Planetensystemen, **ne** dem Anteil an Planeten, mit für Leben geeigneten Bedingungen, **fl** dem Anteil an passenden Planeten auf denen Leben erscheint, **fi** dem Anteil an passenden Planeten, auf dem durch Evolution das Leben intelligent wird; **fc** dem Anteil an Zivilisationen, die in der Lage sind erkennbare Signale in den Raum zu senden, und schließlich **L**, der Lebensdauer solcher Zivilisationen. Das Resultat schwankt zwischen 10 und 10.000, und bei allem muss noch vorausgesetzt werden, dass sich die Lebensformen gleichzeitig bilden und im gleichen Rhythmus entwickeln.

Die Erde

Der Durchmesser der ***Erde*** beträgt 12.756 km, der Erdentag dauert 24 Stunden, das Jahr 365,26 Tage und die mittlere Entfernung von der Sonne beläuft sich auf 149,6 Millionen km. Die Erde besitzt einen sehr heißen Kern aus massivem Eisen, der rund 1000 km stark ist. Er ist umgeben von einer weiteren, 2400 km dicken Schicht aus flüssigem Eisen, einem Felsmantel, der bis zu 2800 km ins Innere des Planeten hinabreicht, und einer Oberflächenkruste, die das Ganze wie die Schale einer Frucht umhüllt und unter den kontinentalen Landmassen 35, unter den Ozeanen 5 bis 10 km dick ist.

WISSENSWERTES

In ***Zapolyarny*** in Russland gibt es einen Bohrer, der mit 15 km Perforationstiefe den Weltrekord hält. Doch sogar diese Maschine kann nur an der Erdoberfläche kratzen. Selbst wenn es gelänge, mit einem riesigen Tunnelbohrer 10 cm pro Minute in das Innere der Erde vorzudringen, würde es immer noch 261 Jahre dauern, um einen Tunnel durch den gesamten Planeten zu treiben. Der Blaue Planet hingegen legt auf seiner Umlaufbahn um die Sonne 30 km in der Sekunde zurück, das sind 1800 in der Minute, und rotiert gleichzeitig mit 1700 km/h um die eigene Achse.

Der Mond

Der Durchmesser des **Mondes** *macht etwa ein Viertel des Erddurchmessers aus (3476 km), die Entfernung zur Erde beträgt 384.600 km. Die Oberfläche des Mondes ist etwa gleich groß wie der afrikanische Kontinent, es herrschen dort Temperaturen zwischen –155 und –106 °C. Die Schwerkraft auf dem Mond beträgt nur ein Sechstel der Erdanziehung, daher wiegt auch ein Mensch auf dem Mond nur ein Sechstel seines Körpergewichts und kann dadurch springen wie ein Känguru. Die Fußabdrücke, die er dabei hinterlässt, sind unauslöschlich, denn auf dem Mond regnet es nie und es weht auch kein Wind … Der Erdtrabant ist der einzige Himmelskörper, der bislang von Menschen betreten wurde.*

Mars

Der ***Mars*** ist von der Sonne aus gesehen der vierte Planet. Seine Umlaufbahn weist eine ähnliche Neigung auf wie die der Erde, außerdem besitzt er auch Polkappen aus Eis wie der *Blaue Planet.* Am Äquator können die Temperaturen im Sommer 20 °C erreichen, doch meistens bleibt das Quecksilber deutlich unter dem Nullpunkt und fällt in der Nacht bis auf –80 °C. Der *Olympus Mons*, ein alter, erloschener Vulkan auf dem Mars, ist der höchste Berg des Sonnensystems, er ist 3-mal so hoch wie der Everest. *Valles Marineris* ist ein Canyon von einer Länge, der den Grand Canyon in Arizona bei weitem in den Schatten stellt. Auf dem Roten Planeten dauern die Tage 24,6 Erdenstunden und das Jahr 687 Erdentage, der Durchmesser beträgt 6794 km.

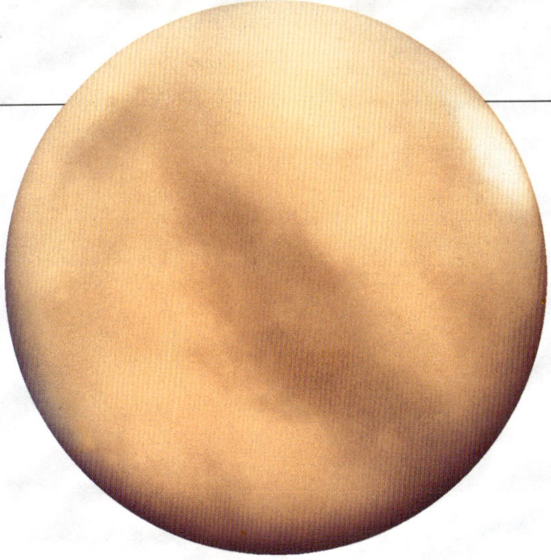

DIE MONDE DES MARS

Um den **Mars** *kreisen zwei Monde, die in der Form an riesige Kartoffeln erinnern,* **Phobos** *und* **Deimos***. Der Durchmesser des ersten beträgt 28 km, der des zweiten 16. Die Gravitation auf Deimos, dem kleinsten Trabanten des Sonnensystems, ist 40 Millionen Mal geringer als auf dem Mond. Wer sich dort zu einem Sprung abstößt, wird unweigerlich und unaufhaltsam in die Tiefen des Raumes davonschießen …*

WISSENSWERTES

Würde das gesamte Eis auf dem ***Mars*** schmelzen, wäre der Planet von einem zwischen 10 und 100 m tiefen Ozean bedeckt.

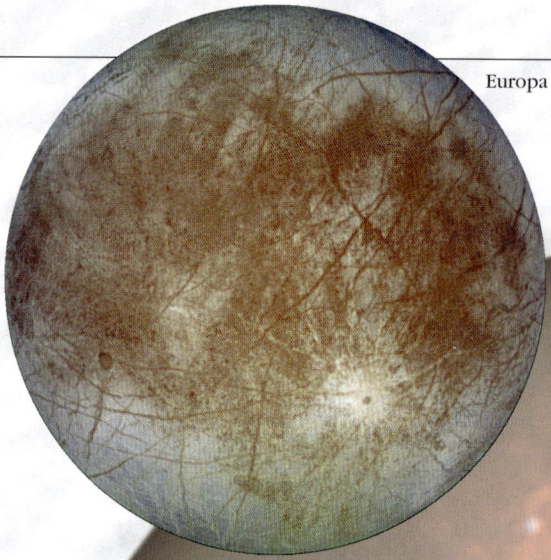

Jupiter

Der ***Jupiter*** ist der größte Planet unseres Sonnensystems und könnte unsere Erde gut 1000-mal aufnehmen! Starke Stürme brausen um einen kleinen Kern aus Felsmasse, der von einer dicken Schicht aus Gasen, Metallen und flüssigem Wasserstoff umgeben ist.
Der immer in einen dicken Wolkenschleier gehüllte Planet hat einen Durchmesser von 142.800 km, der Tag dauert auf dem Jupiter 9,8 Erdenstunden, das Jahr 11,8 Erdenjahre, die mittlere Entfernung zur Sonne beträgt 778 Millionen km.

WISSENSWERTES

Der ***Große Rote Fleck*** auf dem Jupiter ist ein gigantischer Zyklon, der dort seit mindestens 300 Jahren tobt und gegen den auch der schrecklichste irdische Hurrikan nur ein laues Lüftchen wäre …

Die Jupitermonde

Der Jupiter hat gleich 60 (!) Monde (allein 20 davon hat man im März/April 2003 entdeckt), die größten davon sind Ganymed, Callisto, Io und Europa, sie wurden 1610 von Galileo Galilei entdeckt. Ganymed ist der größte Trabant des gesamten Sonnensystems, er ist 2017-mal so groß wie der Mond der Erde, er ist auch größer als einige Planeten wie Merkur und Pluto. Io ist vollständig von Vulkanen bedeckt, die ständig mit der Kraft einer Feuerwaffe hohe Fontänen flüssigen Schwefels hervorspeien.

Saturn

Saturn ist von tausenden Ringen umgeben, die aus unzähligen Eis- und Felsblöcken bestehen, deren größte in etwa den Dimensionen eines sechsstöckigen Hauses entsprechen. Auf dem hauptsächlich aus Helium und Wasserstoff in flüssiger, fester und Gasform bestehenden Saturn blasen Winde mit bis zu 1800 km/h. Er besitzt eine geringere Dichte als alle anderen Planeten und würde in einem Ozean, der groß genug wäre ihn aufzunehmen, an der Oberfläche schwimmen. Im Durchmesser misst der Saturn 119.300 km, seine Ringe 273.700 km, der Tag dauert 10,2 Erdenstunden und das Jahr 29,5 Erdenjahre, die mittlere Entfernung zur Sonne beträgt 1427 Millionen km.

WISSENSWERTES

Von den 15 Monden des ***Uranus*** wurden 10 erst 1986 mit Hilfe der amerikanischen Raumsonde *Voyager II* entdeckt, zwei davon haben einen Durchmesser unter 80 km. Der größte der Monde, ***Oberon***, misst hingegen beträchtliche 1630 km im Durchmesser. Auf der Oberfläche des Mondes ***Miranda*** befinden sich Krater, die 10-mal so tief sind wie der Grand Canyon.

Uranus

Die Umlaufbahn des ***Uranus*** ist so geneigt, dass während der 84 Jahre, die es dauert, die Sonne einmal zu umkreisen, beide Pole 42 Jahre lang ununterbrochen beleuchtet bleiben, um in den darauf folgenden 42 Jahren in schier unendlicher Nacht zu versinken. Er ist 4-mal so groß wie die Erde und am Äquator von 11 einigen tausend Meter breiten Ringen umgeben, die aus Millionen von Felsblöcken bestehen. Sein Durchmesser beträgt 51.800 km, der Tag dauert 17,2 Erdenstunden und die mittlere Entfernung zur Sonne entspricht 2870 Millionen km.

Rechts: *Voyager II* passiert den Uranus am 24. Januar 1986 in nächster Nähe. Unten: Die Oberfläche des Planeten.

Die Saturnmonde

Saturn hält den Rekord was die Anzahl von Monden betrifft: er hat davon gleich ***18***! ***Titan*** ist der zweitgrößte Trabant des Sonnensystems gleich nach dem Jupitermond Ganymed. Die Oberfläche des ***Mimas*** wird zu einem Drittel von einem gigantischen Krater eingenommen.

Neptun

Neptun ist in einen feinen Wolkenschleier gehüllt und von einem schmalen Band aus dünnen Ringen umgeben. Im Durchmesser misst der Planet 49.500 km, der Tag dauert 16,1 Erdenstunden, das Jahr mit 164,8 Erdenjahren weit länger als ein Menschenleben. Die mittlere Entfernung zur Sonne beträgt 4497 Millionen km.

Diese Sonde soll in den kommenden Jahren die Planeten Neptun und Pluto aus der Nähe erforschen.

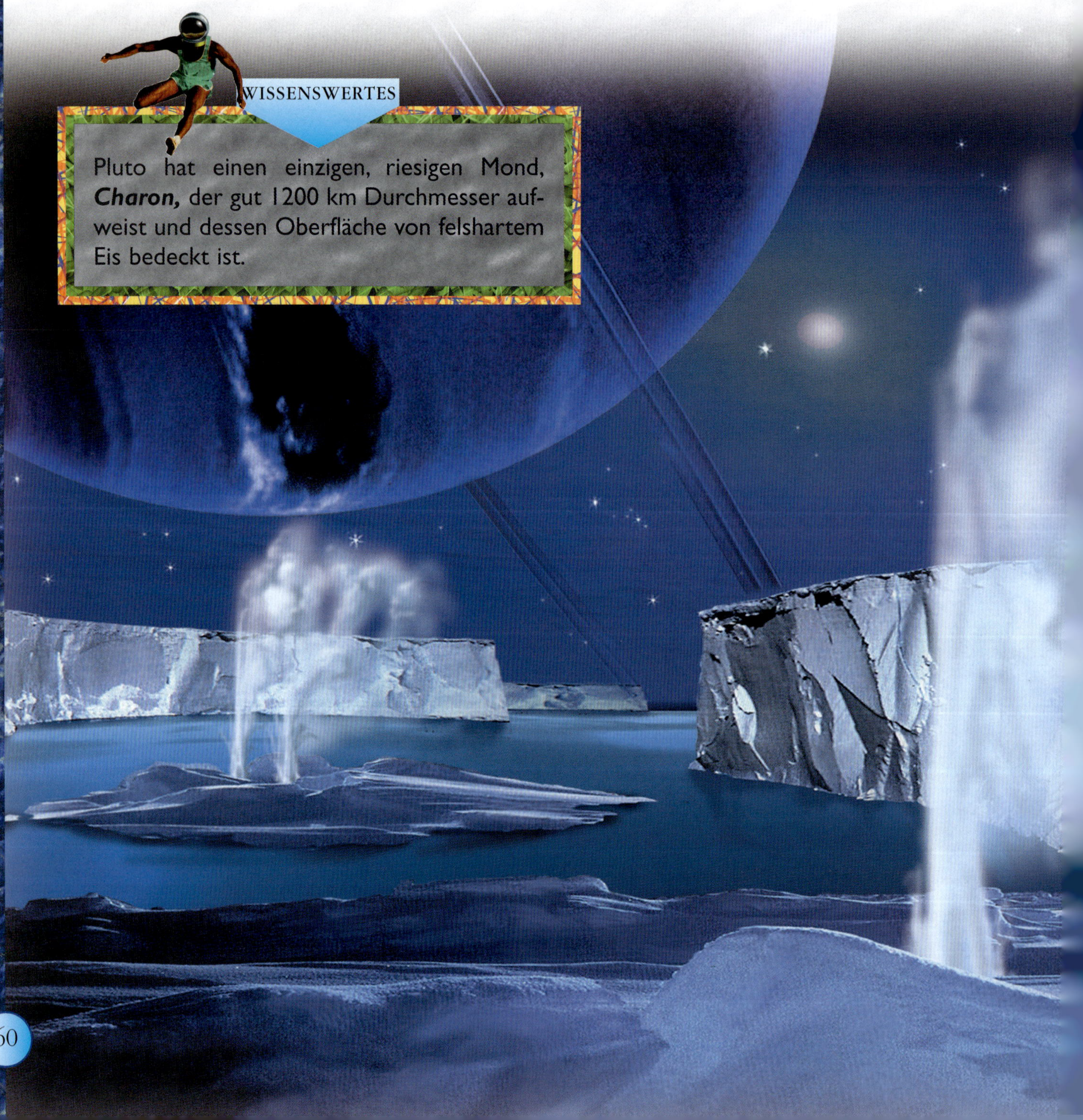

WISSENSWERTES

Pluto hat einen einzigen, riesigen Mond, ***Charon,*** der gut 1200 km Durchmesser aufweist und dessen Oberfläche von felshartem Eis bedeckt ist.

Pluto

Pluto, der kleinste Planet, ist ein kalter (Mittelwert –238 °C) und ferner Ort. Seine Umlaufbahn unterscheidet sich von der aller anderen Planeten, sie ist schräger und verläuft über einen Zeitraum von 20 Jahren innerhalb der des Neptun. Sein Mond, ***Charon***, ist halb so groß wie der ganze Planet und der am weitesten entfernte Trabant des Sonnensystems. Der Pluto misst 2300 km im Durchmesser, der Tag dauert 6,4 Erdentage, ein Jahr entspricht 248 Jahren auf der Erde und die mittlere Entfernung von der Sonne, die von seiner Oberfläche aus aussieht wie ein besonders heller Stern, beträgt 5915 Millionen km.

Die Monde des Neptun

Der größte der 8 Monde des ***Neptun, Triton*** (siehe Illustration), ist einer der Kältepole des Sonnensystems. Dort herrschen Temperaturen von –235 °C! Durch das Eis der Oberfläche des Trabanten, des einzigen, der seinen Planeten in dessen Rotationsrichtung entgegengesetztem Sinne umkreist, brechen unzählige Geysire aus flüssigem Stickstoff …

Rekorde bei der Eroberung des Weltraums

4. Oktober 1957	Die Sowjetunion schießt den ersten künstlichen Satelliten namens **Sputnik 1** in den Raum. Am 3. November desselben Jahres schickt die Sowjetunion das erste Lebewesen an Bord des **Sputnik 2** ins All, die Hündin **Laika**.
31. Januar 1958	Die USA starten ihren ersten Satelliten, **Explorer 1**.
2. Januar 1958	**Lunik 1,** ebenfall aus dem sowjetischen Raumfahrtprogramm, ist der erste Satellit, der den Mond überfliegt. **Lunik 2** ist am 12. September des Jahres die erste Sonde, die die Mondoberfläche berührt, am 7. Oktober desselben Jahres schickt **Lunik 3** die ersten Fotos von der dunklen Seite des Mondes zur Erde.
1. April 1960	Die USA schießen den ersten Wettersatelliten, **Tiros 1**, ins All.
12. April 1961	**Juri A. Gagarin** an Bord des sowjetischen Raumschiffs **Vostok 1** ist der erste Mensch im All, er verbringt 1 Stunde und 48 Minuten im Orbit.
20. Februar 1962	**John Glenn** an Bord des Raumschiffs **Mercury 6** ist der erste Amerikaner im Orbit, die Mission dauert etwa 5 Stunden.
6. Juli 1962	Die USA bringen den ersten Telekommunikationssatelliten **Telstar 1** ins All.

Sputnik 1

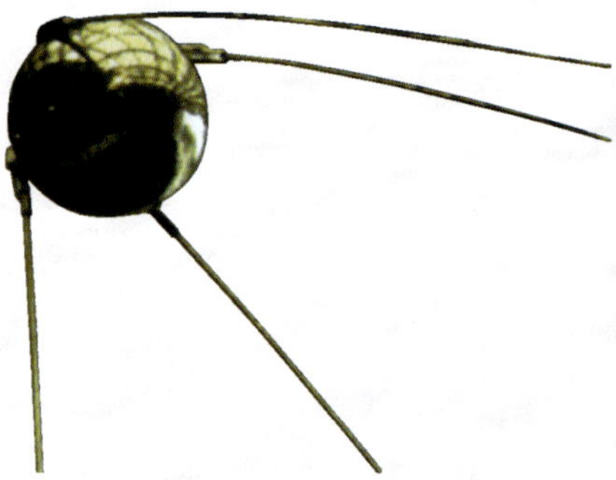

Das Raumschiff *Mercury*

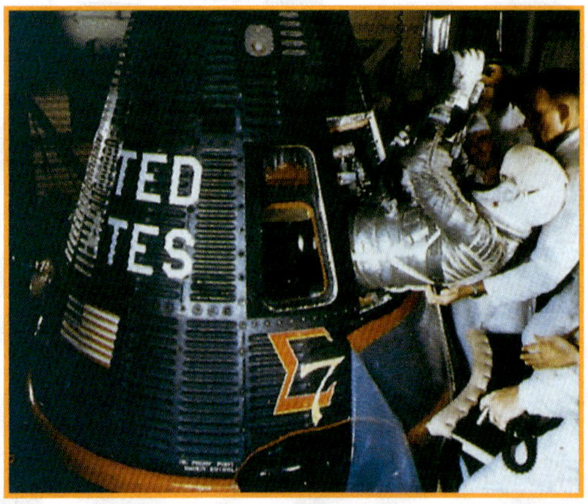

Apollo 11 landet auf dem Mond

Die *Shuttle-Mir*-Mission

3. Oktober 1962	Der amerikanische Astronaut **W. M. Schirra Jr.** an Bord des Raumschiffes **Mercury 8** stellt einen bis heute ungebrochenen Rekord auf: Er umrundet die Erde 6-mal im Zeitraum von 8 Stunden und landet dann nur 7 km von der vorhergesehenen Stelle im Meer.
16. Juni 1963	Die Sowjetrussin **Valentina V. Tereskova** an Bord des Raumschiffes **Vostok 6** ist die erste Frau im All.
12. Oktober 1964	Die **Voskod 1** (UdSSR) ist das erste Raumfahrzeug mit drei Kosmonauten an Bord.
18. März 1965	Der sowjetische Kosmonaut **A. Leonov** an Bord der **Voskod 2** macht als erster Mensch einen »Spaziergang im All«, er verlässt das Schiff für rund 10 Minuten.
15. Dezember 1965	Die US-amerikanischen Raumschiffe **Gemini 6** und **Gemini 7** vollziehen auf ihrer Mission das erste Rendezvous im Orbit der Raumfahrtgeschichte.
24. Dezember 1968	Die **Apollo 8** mit den Astronauten **F. Borman, J. Lovell** und **W. Anders** an Bord umkreist als erstes Raumschiff den Mond.

Die Raumsonde *Voyager*

Spaceshuttle

Die Sonde *Galileo*

Das *Hubble Space Telescope*

Rekorde bei der Eroberung des Weltraums

21. Juli 1969	Im Rahmen des Apollo-Programms gelingt mit den Astronauten **Neil Armstrong** und **Edwin Aldrin** an Bord der **Apollo 11** die erste Landung auf dem Mond. Während ihres Aufenthaltes auf der Oberfläche des Mondes (21 Stunden, 36 Minuten und 21 Sekunden) sammeln sie Gesteins- und Bodenproben von 22 kg Gesamtgewicht. In der Folge bringen 5 weitere Apollo-Missionen Menschen auf den Mond: Dank der Landefähre **LEM** erforschen 10 Astronauten die Oberfläche des Mondes, sammeln im Zuge ihrer Ausflüge etwa 4 Zentner Material und verbringen insgesamt rund 280 Stunden dort, das sind etwa ein Dutzend Tage …
14. Mai 1973	Die erste amerikanische Raumstation **Skylab 1** wird in die Erdumlaufbahn gesetzt.
17. Juli 1975	Im Rahmen des sowjetisch-amerikanischen Gemeinschaftsprojektes Apollo-Sojus erreicht **Apollo 18** Sojus und dockt im Orbit an. Es werden die Mannschaften ausgetauscht und gemeinsame Arbeiten durchgeführt.

12. April 1981	Start des ersten **Shuttle** mit den Astronauten **R. Crippen** und **J. Young** an Bord. Nach 36 Stunden Flugdauer landet die **Columbia** in der Wüste von Kalifornien.
April 1983	Beim Jungfernflug der Raumfähre **Challenger** führen **S. Musgrave** und **D. Paterson** als erste Amerikaner einen Spaziergang im Raum durch.
21. Dezember 1988	Die beiden sowjetischen Kosmonauten **B. Titov** und **M. Manarov** stellen den Rekord der längsten Verweildauer im All an Bord der Raumstation **MIR**, die sich seit Februar 1986 in der Erdumlaufbahn befindet, auf: Sie bleiben 365 Tage, 22 Stunden und 40 Minuten.
April 1990	Die Raumfähre **Discovery** bringt das erste **Raumteleskop** in die Umlaufbahn, das *Hubble Space Telescope*.
31. Juli 1992	Der erste italienische Astronaut, **F. Malerba,** wird im Rahmen einer euro-amerikanischen Gemeinschaftsmission an Bord der Raumfähre **Atlantis** ins All gebracht.
8. Juli 1994	Die Mannschaft der Raumfähre **Columbia** stellt den Weltrekord in der Verweildauer eines Shuttle im Orbit auf: 353 Stunden und 55 Minuten. Im selben Jahr im Februar hatte das erste russisch-amerikanische Programm zum Bau einer Raumstation begonnen.
6. Februar 1995	Es findet die erste Begegnung der amerikanischen Raumfähre **Discovery** mit der russischen Raumstation **MIR** statt. Am 22. März kehrt der russische Kosmonaut **V. Polyakov** an Bord der **Sojus 21** nach 439 Tagen im All auf die Erde zurück: das ist neuer Weltrekord!
29. Juni 1995	Die Raumfähre **Atlantis** dockt an der Raumstation **MIR** beim ersten von sieben Rendezvous im Raum an. Die Mannschaften werden getauscht und man eröffnet eine gemeinsame Arbeits- und Laborebene.
29. Oktober 1998	**John Glenn,** der erste Amerikaner im Orbit am 20. Februar 1962, stellt einen neuen Rekord auf: An Bord der Raumfähre **Discovery** ist er mit 77 Jahren der älteste Astronaut, der je an einer Mission teilgenommen hat.
23. Juli 1999	Die Mission der Raumfähre **Columbia** ist die erste in der Geschichte der Raumfahrt, bei der eine Frau das Kommando hat: **Eileen M. Collins**.

Ein Astronaut arbeitet außerhalb der Kabine seines Raumschiffs.

Michael Collins

Neil Armstrong

Die *ISS*

Derzeit sind 16 Länder am größten Raumfahrtprojekt seit der Landung auf dem Mond beteiligt. Es handelt sich um den Bau der ***ISS***, der ***International Space Station***, die 2006 fertig gestellt werden soll. Sie ist in etwa so groß wie ein Fußballfeld (108,5 m lang und 88,4 m breit), was ungefähr 4-mal der Größe der sowjetischen Raumstation ***MIR*** entspricht. Sie erzeugt dabei jedoch 60-mal so viel Energie und wird im Raum im Zuge von rund 45 Missionen mit amerikanischen und russischen Raumschiffen zusammengebaut, die das hoch komplizierte Instrumentarium sowie die Materialien ins All transportieren werden. Es werden 6 Forschungslabors für eine internationale Mannschaft von 7 bis 8 Astronauten eingerichtet. Der Weltrekord an Besatzung wird übrigens noch heute von den Gemeinschaftsmissionen der Shuttle ***Endeavour, MIR*** und ***Sojus TM21*** mit 13 Mann gehalten. Die Raumstation wird die Erde in einer Höhe von 400 bis 500 km umkreisen.

Am 20. Juli 1969 steigt Neil Armstrong aus der Mondlandefähre und macht die ersten Schritte auf dem Mond.

MONDSÜCHTIG …

Von 1969 bis 1972 sind 12 Astronauten im Zuge der ***Apollo****-Missionen auf dem Mond gewesen. 1971, während der* ***Apollo 14****-Mission, hat Alan Shepard – ein Raumflugpionier, der bereits am 5. Mai 1961 an Bord der* ***Freedom 7*** *der erste Amerikaner war, der in einer Höhe von 185 km über der Erde im All war, ohne jedoch die Umlaufbahn zu erreichen – ein Instrument, das eigentlich zum Sammeln von Gesteinsproben diente, wie einen Schläger geschwungen und einen Golfball damit tausende von Meilen über das gigantische »Green« mit den ungewöhnlichen Löchern geschlagen, die die Oberfläche des Erdtrabanten ausmachen.*

WISSENSWERTES

Beim Zusammenbau des italienischen Logistik-Moduls ***Leonardo*** haben die amerikanischen Astronauten *Jim Voss* und *Susan Helms* am 11. März 2001 einen neuen Rekord aufgestellt: Sie waren 8 Stunden und 56 Minuten außerhalb des Schiffs im Raum.

Interplanetare Reisen

Von 1957 bis heute gab es über 200 Raumfahrtprogramme, und mit Ausnahme der Mondlandung waren es so gut wie immer Missionen, bei denen Sonden, Satelliten, Module, Roboter oder andere hochkomplexe Geräte (***Mariner, Venera, Vega, Pioneer***) in den Raum geschickt wurden, um die Planeten unseres Sonnensystems zu erforschen. Der größte Teil der Himmelskörper, Kometen und Asteroiden ist einfach zu weit entfernt, um von Menschen erreicht werden zu können. Dieselbe ***Apollo***, die den Mond in drei Tagen erreicht hat, bräuchte 850.000 Jahre, um zum nächsten Fixstern zu gelangen. Die ersten Planeten, die von Raumsonden besucht wurden, waren in den 60er-Jahren des 20. Jahrhunderts Venus und Mars, später kamen weitere dazu.
Manche Sonden beschränkten sich darauf, den Planeten zu umkreisen und dabei Daten zu erheben und zu fotografieren, wie ***Magellan*** auf der Venus. Andere, wie die Raumsonde ***Galileo*** auf dem Jupiter, erforschen beim Eintauchen die Atmosphäre des Planeten, bevor sie auf dem Planeten zerschellen. In anderen Fällen landen sie auch unbeschadet, schicken Daten über die Bedingungen auf der Planetenoberfläche und die physikalische und chemische Beschaffenheit des Ortes, wie der ***Mars Pathfinder***, der ein ausgeklügeltes Fahrzeug, den ***Rover Sojourner***, an Bord hatte, das auf der Oberfläche des Planeten fahren und wertvolle Daten ermitteln konnte – es wurden sogar wie erhofft Spuren früherer Wasservorkommen gefunden.
Weiters gibt es noch Sonden, die in unmittelbarer Nähe an Planeten vorbeifliegen, um anschließend ihre Reise fortzusetzen, wie ***Voyager 1*** und ***Voyager 2*** (siehe Illustration). Sie haben bisher Daten und außergewöhnliche Aufnahmen von Jupiter, Saturn, Uranus und Neptun geliefert und befinden sich nun außerhalb unseres Sonnensystems, 10 Milliarden km von der Erde entfernt. Sie sind die am weitesten von der Erde entfernten, von Menschenhand erzeugten Objekte im Universum.
Nur Pluto wurde bislang von keinem Satelliten besucht. Bis heute ist niemals eine Sonde zur Erde zurückgekehrt, mit rund 15 hat man ziemlich bald jeglichen Kontakt verloren, viele andere erlitten irreparable Schäden. In mehr als 40 Fällen sind die Missionen noch in der ersten Phase des Fluges, oft genug auf der Abschussrampe, gescheitert …

WISSENSWERTES

Den Rekord des längsten bemannten Raumfluges – 400.171 km – hält immer noch die Unglücksmission ***Apollo 13***. Wegen eines Risses in einem Sauerstofftank des Apolloschiffes musste die Mannschaft die Mondlandefähre ***Aquarius*** als Raumschiff benutzen, bis man nach einer Mondumkreisung und dem Rückflug zur Erde mit der angedockten Landekapsel glücklich zur Erdoberfläche zurückkehren konnte.

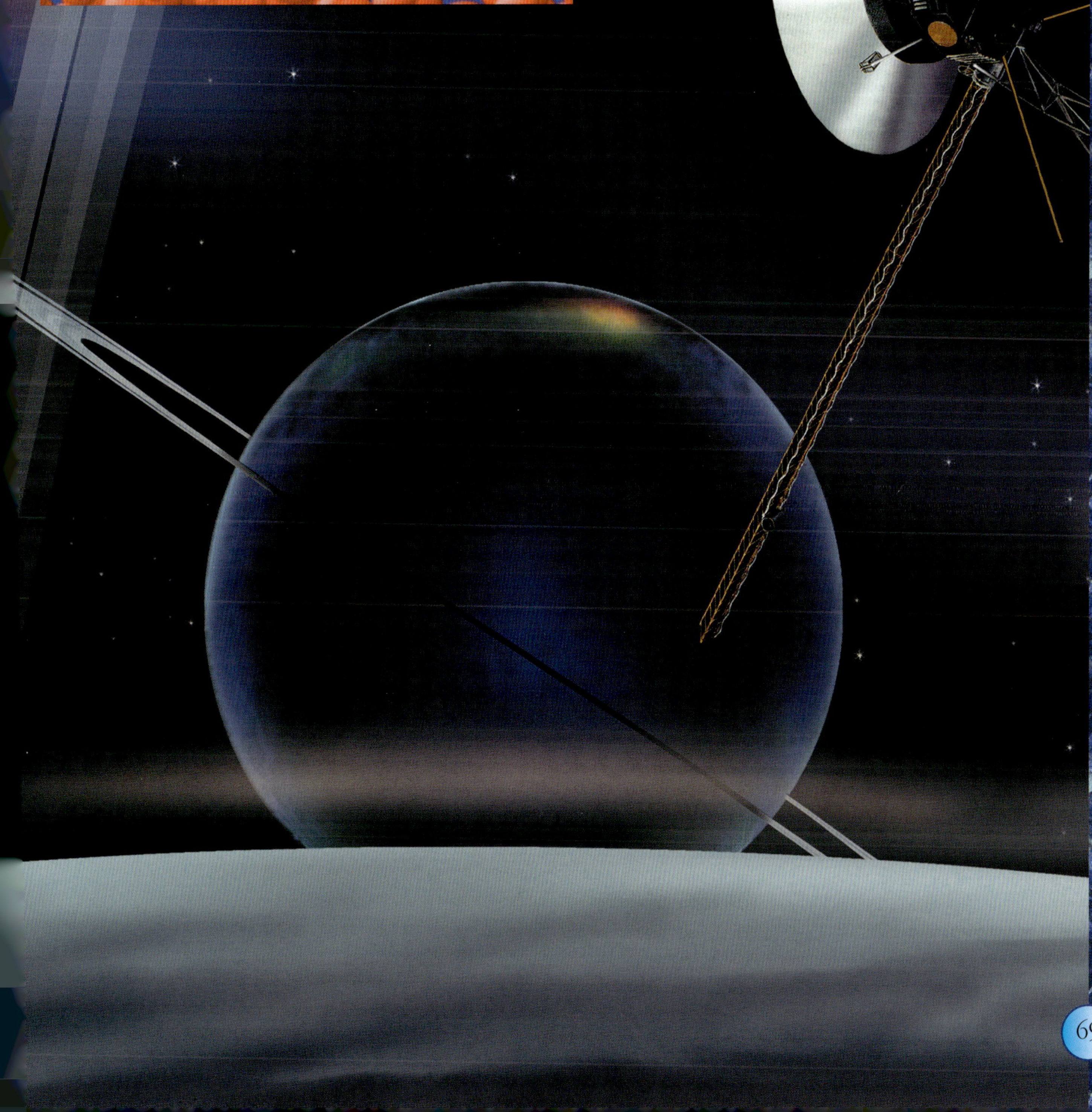

Dörfer im Orbit

Den Löwenanteil an den Raumfahrtprogrammen halten die ehemalige Sowjetunion und die USA mit 112 bzw. 83 Missionen. Dazu kommen vier japanische Programme der jüngeren Vergangenheit, die russische ***Mars 96***-Mission sowie acht Programme der Europäischen Weltraumorganisation ***ESA***. Bisher sind die Amerikaner jedoch die einzige Nation, deren Astronauten je einen Himmelskörper, den ***Mond***, betreten haben. Sowohl die ehemalige Sowjetunion als auch die USA haben ihre Bestrebungen hauptsächlich auf den Erdtrabanten gerichtet, der Ziel von 106 Missionen war, das macht gut 50% der Gesamtzahl aus. ***Venus*** und ***Mars*** wurden von 40 bzw. 37 Sonden, ***Jupiter*** und ***Saturn*** von 3, ***Uranus*** und ***Neptun*** von 1, die ***Sonne*** von mindestens 6, der Saturnmond ***Titan*** von 1, der Marsmond ***Phobos*** von 1 erreicht, gut 10 Sonden hatten den Auftrag, ***Kometen*** zu erforschen, und zumindest 3 näherten sich den ***Asteroiden***. Einige hatten nur Experimentalcharakter und 7 haben niemals die Umlaufbahn der Erde erreicht.

Die Raumsonde *Ulysses* nähert sich dem *Sonnenpol*

Mariner 10 erreichte den *Merkur* im März 1974

Die Raumsonde *Pioneer* auf dem Flug zur *Venus*

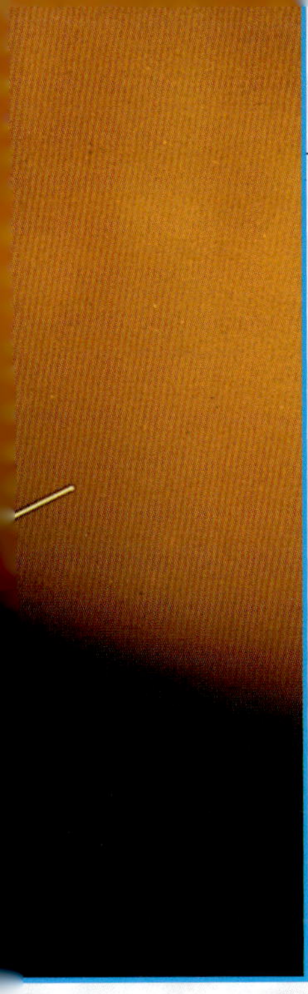

Voyager nähert sich *Saturn*

Auf der Abschussrampe

Um den Erdboden zu verlassen und die Erdumlaufbahn zu erreichen, braucht ein Raumfahrzeug einen enormen Schub: Raketen schießen mit einer Geschwindigkeit von 28.000 km/h in den Himmel! Während des Starts eines Raumfahrzeugs werden 10 Tonnen Treibstoff in der Sekunde verbrannt. Die größte je gebaute Rakete war die **Saturn 5**, *sie war über 110 m hoch und mit der* **Apollo**-*Kapsel, die in die Umlaufbahn geschossen werden sollte, 2903 Tonnen schwer.*

Die Sonde *Giotto* begegnet vor den Augen eines virtuellen Astronauten dem *Halleyschen Kometen*.

Im All unterwegs

Der spezielle Druckanzug, den Astronauten für Missionen außerhalb des Raumfahrzeugs tragen, ist 47 kg schwer, 4 kg wiegt allein der Helm. Eine spezielle Flüssigkeit, die durch ein 90 m langes Netz aus feinen Schläuchen und Röhren gepumpt wird, sorgt für die Aufrechterhaltung der Körpertemperatur, während Kevlar- und Teflonschichten den Körper des Astronauten gegen kosmische Strahlung und intergalaktische Staubkörner schützen, die mit über 35.000 km/h durch das All wirbeln. Die bemannte Manövriereinheit **MMU** *ist eine Art fliegender Sessel mit 24 Knöpfen, mit denen der Astronaut die Einheit durchs All steuern kann. Die Außerraumschiff-Mobilitätseinheit* **EMU** *ist ein auf dem Rücken des Astronauten befestigter Hilfsantrieb mit Batterien und Sauerstoffreserve von etwa 70 kg Gewicht.*

Die Sonde *Galileo* kreuzt die Bahn des Asteroiden *Gospra*.

Menschen zu den Sternen

Bis zum heutigen Tage haben rund 400 Astronauten eine Reise in den Weltraum unternommen, darunter 254 Amerikaner, 93 Bürger der ehemaligen Sowjetunion, 10 Deutsche, 1 Österreicher, 8 Kanadier, 8 Franzosen, 5 Japaner, 1 Chinese, 3 Italiener und auch Vietnamesen, Kubaner und Mongolen.
Das Universum kennt keine Nationalitäten!

Ein Astronaut bei der Arbeit im Raum
Unten: der Bau der internationalen Raumstation *ISS*

Wirtschafts-Raum

Amerikanische Geschäftsmänner und russische Ingenieure haben kürzlich die Übereinkunft getroffen, die erste Raumfähre ausschließlich für Tourismuszwecke zu bauen. Die ***Cosmopolis XXI***, auch kurz C-21 genannt, wurde der Öffentlichkeit am Luftfahrtstützpunkt Zhurovsky in der Nähe von Moskau präsentiert. Für 99.000 US-Dollar soll man ab 2004/05 rund eine Stunde im All in 100 km Höhe in einem Minivan-ähnlichen Raumfahrzeug die Schwerelosigkeit am eigenen Leib erfahren können. Gegen die 20 Millionen Dollar, die der Milliardär *Dennis Tito* für eine Woche in der Raumstation ***ISS*** bezahlt hatte, ist das geradezu ein Schnäppchen.
Auch der Mond erregt zunehmend das Interesse privater Gesellschaften und auch staatlicher Betriebe in China, Indien und Japan. Da die Zeit der großen Mondlandungs-Missionen vorüber ist, will man nun verstärkt das Innere des Mondes erforschen und dort nach Wasservorräten oder Mineral-vorkommen suchen, wissenschaftliche Laboratorien aufbauen und auch die von den Sonden kommerzieller Firmen wie ***TransOrbital*** zur Erde geschickten Fotos kartographisch und gewinnbringend nutzen.

Tiere im All

Belka und ***Strelka***, zwei sowjetische Hunde, waren die ersten Lebewesen, die nach einem Ausflug ins All gesund wieder auf die Erde zurückkehrten. Im August 1960 waren sie an Bord des *Korabl-Sputnik 2*, acht Monate bevor ***Juri Gagarin*** an Bord der *Vostok 1* zum ersten Kosmonauten der Geschichte wurde.
Zuvor hatte die *US-Air Force* zwischen 1948 und 1951 versucht, an Bord zweier *V2*-Raketen aus deutscher Fabrikation 2 Schimpansen und 11 Katzen ins All zu schicken. Der Orbit wurde jedoch nicht erreicht und die Tiere starben im Laufe des Experiments.
Laika, eine Husky-Hündin, die in Wirklichkeit ***Kudrayvka*** hieß, war am 3. November 1957 das erste Lebewesen im All, wo sie jedoch starb wie zuvor zahlreiche andere Hunde, Katzen, Affen und Hasen, die von den Sowjets im Wettlauf um die Eroberung des Weltraums geopfert wurden. In den Jahren darauf gab es weitere Opfer und nur vereinzelt überlebende Tiere. Die beiden Hunde ***Veterok*** und ***Ugolek*** erreichten im Laufe der Sowjet-Mission *Kosmos 110* am 22. Februar 1966 die Umlaufbahn und verbrachten 22 Tage im All, ein Rekord, der erst 1974 von den Astronauten der Mission *Skylab 4* gebrochen wurde.

RECORDNEWS

WELTRAUM

Stationen für die Reise ins All

Es gibt mehr als 20 Stützpunkte, die als Abschussbasen für Raketen und Raumfahrzeuge dienen. Vier davon befinden sich in den Vereinigten Staaten von Amerika: Am bekanntesten ist *Cape Canaveral-Kennedy* in Florida, weitere Basen gibt es in *Houston*, Texas, wo sich auch das NASA-Trainingszentrum befindet, in *Vanderberg*, Kalifornien, und eine rein militärische Basis auf *Wallops Island* in Virginia. *Cape Canaveral-Kennedy* hat dabei die längste Geschichte als Raumfahrtstützpunkt, der erste Abschuss erfolgte hier bereits am 31. Januar 1958, als der erste amerikanische Satellit namens *Explorer 1* in die Umlaufbahn gebracht wurde.

Drei weitere wichtige Stützpunkte befinden sich auf dem Gebiet der ehemaligen Sowjetrepubliken, zwei davon in Russland, *Kapustin-Yar* und *Plesetsk*, einer in Kasachstan, *Baikonur*, von wo aus die meisten Abschüsse erfolgten, nämlich über 40. Überdies hat diese Basis die längste Geschichte, wurde doch schon der erste von Menschenhand geschaffene Satellit, der *Sputnik 1*, am 4. Oktober 1957 von dort aus ins All geschossen.

Weitere Basen befinden sich in Japan, das *Tanegashima Space Center* und das *Kagoshima Space Center*, in Indien *ISRO Sriharikota*, in Israel in *Palmachim*, in Australien in *Woomera*, in Brasilien in *Sao José dos Campos* und *Sao Luis*. Seit 1967 besitzt auch Italien eine kleine Basis namens *San Marco*, zwei Plattformen, die im Indischen Ozean vor der Küste von Kenia verankert sind.

Seit 1970 befindet sich die derzeit aktivste Basis, das Zentrum der Europäischen Raumfahrtbehörde *ESA*, in Französisch-Guyana, von dort starten die *Ariane*-Raketen. Dank der besonders vorteilhaften Lage der Basis *Kourou* in unmittelbarer Nähe des Äquators können dort Satelliten bis zu einer Höhe von 36.000 km mit deutlich weniger Schubenergie als von anderen Basen aus ins All geschossen werden. Dazu ist Guyana eine erdbebenfreie Zone, dünn besiedelt und weitab von den städtischen Ballungszentren. Alle geostationären Satelliten, das heißt all jene, die mit der gleichen Umlaufgeschwindigkeit wie die Erde kreisen, werden von dort aus in den Orbit gebracht, ebenso Telekommunikations- und Forschungssatelliten. Weiters experimentiert man mit neuen Treibstoffen und Trägertriebwerken, die in der Lage sein sollen, in Zukunft Lasten von bis zu 13 Tonnen in den Raum zu transportieren. *Ariane 5*, bislang das Spitzenprojekt der *ESA*, wird in einem Hangar zusammengebaut und erst kurz vor dem Abschuss auf eine futuristische Rampe transportiert, die die Vibrationen und das Brandrisiko minimiert, da sie auf einer Art Eisenbahnwaggon mit 1500 Tonnen Eigengewicht liegt, der von zwei starken Lokomotiven auf parallelen Gleisen gezogen wird.

In China setzt man derzeit auch auf ein ehrgeiziges Raumfahrtprogramm mit Raketenabschüssen, die die Erdumrundung eines chinesischen Astronauten im Raumschiff *Shenzou 5* (erfolgreich durchgeführt am 15. Oktober 2003 vom 38-jährigen »Taikonauten« Oberstleutnant Yang Liwei) und in späterer Folge die Landung auf dem Mond zum Ziel haben. Dafür stehen drei Raumfahrtbasen zur Verfügung, *Jiuquan*, *Xichang* und *Taiyuan*.

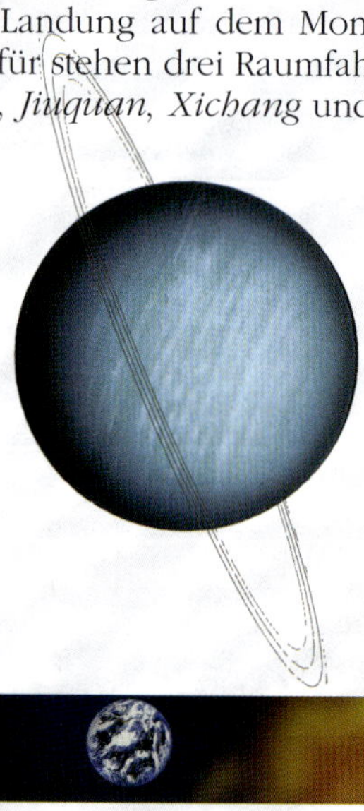

REKORDE *aus dem* TIERREICH

Klassengesellschaft

Tanzmaus

Brandentenpaar

Es gibt bisher rund eineinhalb Millionen bekannte Tierarten, wobei davon auszugehen ist, dass es noch so manche zu entdecken gibt. Die zahlenmäßig stärkste Klasse ist die der ***wirbellosen Gliederfüßer***, sie zählt an die 900.000 Spezies, wovon 800.000 ***Insekten*** sind. Zu den ***Mollusken*** zählen 100.000 Spezies. Unter den ***Wirbeltieren*** ist die größte Klasse mit 25.000 Spezies die der ***Fische***, mit etwas Abstand folgen die ***Vögel*** mit 8600 Arten, die ***Reptilien*** mit 6000, die ***Säugetiere*** mit 4500 und die ***Amphibien*** mit 3000 Spezies. Unter den ***Säugetieren*** ist die Spezies der ***Mäuse*** am zahlreichsten, sie machen rund ein Viertel aller Säugetiere aus, die am weitesten verbreitete ist unsere Spezies, der ***Mensch***. Die Insekten machen nach Anzahl der Arten über die Hälfte des gesamten Tierreichs aus, während die Säugetiere nur einen Anteil von einem Viertel Prozent einnehmen. Vier Fünftel aller Lebwesen sind somit Insekten, das entspricht mehr als alle anderen Gattungen zusammengenommen. Mit ca. 90% Anteil sind die ***Käfer*** die am stärksten vertretene Klasse der Insekten.

Die zahlenmäßig stärkste Klasse im Tierreich sind die Insekten, gefolgt von den Fischen, den Vögeln und mit großem Abstand den Säugetieren.

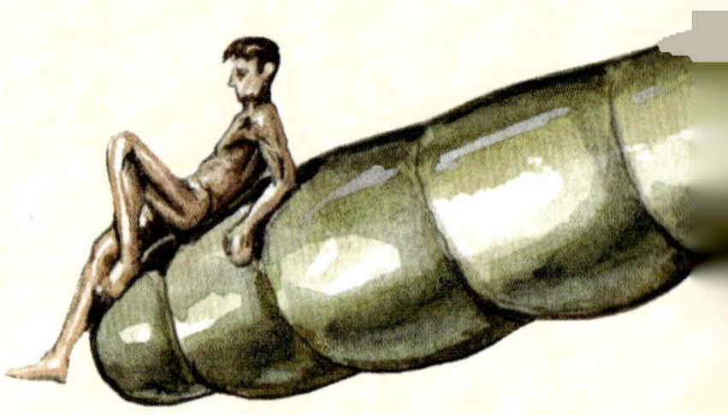

UNBEKANNTE ARTEN

Neben den bereits beschriebenen und klassifizierten Spezies soll es Schätzungen von Zoologen und Ethologen zufolge weitere 5 bis 30 Millionen noch nicht entdeckter Arten geben! Erst vor kurzer Zeit wurden zum Beispiel einige **Affenarten** *aus dem* **Amazonasgebiet** *und ein* **kleiner Fleischfresser** *aus dem Regenwald klassifiziert. Auf einem einzigen Baum im Regenwald kann man übrigens 43* **Ameisenarten** *beobachten, das sind gleich viele wie in ganz Großbritannien bislang entdeckt wurden.*

WISSENSWERTES

In einer Schachtel von der Größe eines herkömmlichen Spielwürfels fänden gut 9 Billionen ***Mikroben*** Platz, und für jeden menschlichen Erdenbewohner gibt es schätzungsweise 1 Million ***Viren***!

So viele Individuen!

Wissenschaftler haben zum wiederholten Male auszurechnen versucht, wie viele Exemplare oder Individuen einer Spezies, Gattung oder Familie aus dem Tierreich auf der Erde leben. Hier die Resultate: Auf rund 6 Milliarden Menschen auf Erden kommen 5000 Billionen Insekten, das sind 5 Millionen Milliarden! In einem Hektar Erde leben nicht weniger als eine Million Ringel- und Gliederwürmer … Fische gibt es 100 Billionen, die zusammen etwa 838 Millionen Tonnen auf die Waage bringen, während alle Amphibien zusammengenommen nicht mehr als eine Billion sind. Mindestens 100 Milliarden Vögel bevölkern den Himmel weltweit, 2 Milliarden Reptilien haben die tief greifenden evolutionären Veränderungen seit dunkelster Vorzeit überdauert.

Ein akrobatisches Insekt: Bockkäfer turnen gern auf Blättern

Marienkäfer

Klassengesellschaft

Auch wenn man heute noch nicht mit Sicherheit weiß, wie viele Spezies vom Aussterben bedroht und seit Beginn der Zivilisation ausgestorben sind – man spricht von etwas mehr als 100 ausgelöschten Spezies in den letzten 500 Jahren, während derzeit 27.400 bis 40.000 pro Jahr verschwinden, was insbesondere die Abteilung der Wirbeltiere betrifft –, laufen immer noch 12 Milliarden ***Hühner*** auf der Erde herum, das sind 10-mal mehr als die Gesamtbevölkerung Chinas – welche übrigens der Gesamtzahl an ***Rindern*** entspricht, die über den gesamten Globus verteilt weiden: etwa 1.300.000.000. An ***Ziegen*** und ***Schafen*** gibt es etwa 2 Milliarden, besonders in den Ländern der Dritten Welt und Neuseeland, wo es mindestens 16 pro Einwohner gibt.

70% aller ***Enten*** weltweit, das sind 400 Millionen, werden in China gezüchtet, wo sie als Delikatesse gelten ... Wie die amerikanischen ***Truthähne*** am Erntedankfest: allein in den Vereinigten Staaten sind sie zahlreicher als deren menschliche Einwohner, mindestens 300 Millionen.

WISSENSWERTES

Die ***Esel*** sind praktisch aus den landwirtschaftlichen Betrieben der westlichen Welt verschwunden, auch ***Pferde*** und andere Lasttiere wurden von den modernen Transportmitteln und Maschinen zurückgedrängt, es gibt nur noch 150 Millionen weltweit. ***Schweine*** sind noch verhältnismäßig zahlreich, rund eine Milliarde, während die 20 Millionen ***Trampeltiere*** und ***Kamele*** auf eine Hand voll asiatischer und nordafrikanischer Länder konzentriert sind.

Ente

Hahn und Henne

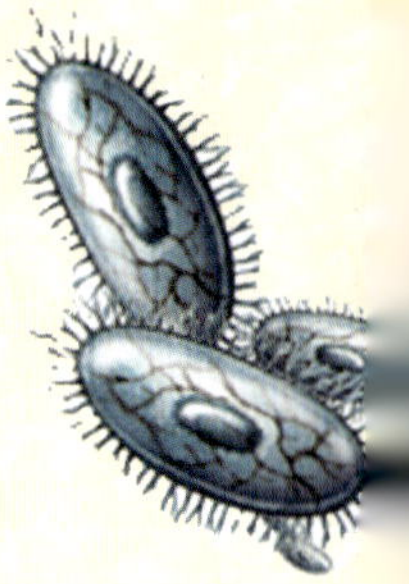

Schweine

Truthahn

Esel

Dromedar

DAS HEER DER PROTOZOEN

Zu den in allen Lebensräumen verbreiteten **Protozoen** *oder* **Urtierchen** *zählen rund 30.800 klassifizierte Spezies. Sie gehören mit den* **Nematoden** *und* **Rotatorien** *zu den kleinsten bekannten Tieren:* **Rhizopoden** *(Wurzelfüßer) wie etwa* **Amöben, Flagellaten** *(Geißeltierchen),* **Ciliaten** *(Wimperntierchen) und* **Sporozoen** *(Sporentierchen). Diese mikroskopisch kleinen, in vielen Formen (siehe Illustration) vorkommenden Organismen bevölkern in großer Zahl vor allem Gewässer und Feuchtgebiete, sie bestehen aus einer einzigen Zelle und sehen doch recht unterschiedlich aus.* **Foraminifera** *und* **Heliozoa** *(Sonnentierchen) sind faszinierend anzusehen, während andere, wie gewisse Parasiten, die auch den Menschen befallen können, eher abstoßend bis monströs wirken.*

In der Sahara hoch zu … Esel!

Schneckentempo

Koala

Faultier

Die ***Schnecke*** ist nicht umsonst Namensgeberin des Titels unseres Kapitels: In einem ganzen Tag legt sie höchstens ein paar Dutzend Meter zurück, und auch das nur im nicht ansteigenden Gelände. Doch von dieser Geschwindigkeit kann die ***Patella***, eine Saugmuschel, die vom Morgen bis zum Abend höchstens 30 cm hinter sich bringt, nur träumen.
Auch das ***Faultier*** trägt seinen Namen nicht umsonst. Wenn diese Tiere die Äste verlassen, an denen sie oft tagelang schlafend hängen, dann tun sie das mit der atemberaubenden Geschwindigkeit von 2,5 m in der Minute, das sind 3,5 km am Tag! Da kann auch der ***Koala*** mithalten, nur muss er, um in Form zu bleiben, mindestens 22 Stunden am Tag schlafen – damit sind die kleinen Beuteltiere als Faulpelze wohl unschlagbar.
Allerdings sind manche ***Seepferdchen*** ebenfalls nicht gerade das, was man ein Temperamentsbündel nennen würde. Sie bewegen sich mit gerade mal 1,5 m pro Stunde fort …

Keiner kann so hoch springen wie der Floh, im Weitsprung muss er sich allerdings der Kängururatte geschlagen geben, und im Stabhochsprung der Heuschrecke.

Schnecke

WISSENSWERTES

Das größte Herz gehört dem ***Blauwal***. Das ist nur natürlich, handelt es sich doch um das größte Tier von allen! Ein Blauwal bringt rund 200 Tonnen auf die Waage, sein Herz wiegt 8 Zentner …

Prachttaucher

Champions verschiedener Disziplinen

Auch kleine oder wenig bekannte Spezies können herausragende Leistungen vollbringen. Der ungekrönte Champion im Zielflug ist ohne Frage der **Prachttaucher**, *der sich aus 40 m Höhe kopfüber in die Fluten stürzen kann, um eine Sardine zu fangen. Der* **Floh** *ist ungeschlagen im Hochsprung, er ist nur 1,5 mm lang, kann jedoch über 20 cm hoch springen, das ist das 130fache seiner Körpergröße. Der beste Weitspringer ist die* **Kängururatte**, *ein Beuteltier, das mit 6 bis 7 m langen Sprüngen das 10fache seiner Körperlänge oder das 20fache seiner Schwanzlänge zurücklegt …*

Im Stabhochsprung kann der **Heuschrecke** *keiner etwas vormachen, sie kann 35-mal so hoch springen wie sie groß ist, das wäre dasselbe, als würde ein Athlet bis zum 15. Stock eines Hauses springen!*

Zum Schluss noch der ungekrönte König im Weitschießen: Der **Schützenfisch** *fängt Insekten per aus dem Maul abgefeuertem Wasserstrahl, der bis zu 1,5 m Distanz zurücklegen kann!*

Seetaucher; Bild unten: Schützenfisch

Rennläufer

Zu den Laufchampions auf der Erde zählen die ***vierbeinigen Säugetiere***, allen voran der ***Gepard***, der bis zu 110 km/h erreichen kann, aber oft zum Verschnaufen stehen bleiben muss (etwa alle 500 m). Eines seiner Beutetiere, die ***Thompsongazelle***, ist ebenfalls ziemlich schnell unterwegs, sie durchquert die Savanne mit etwa 80 km/h. Es kann vorkommen, dass sie dabei den Weg einer in Wut oder Aufregung versetzten ***Büffelherde*** quert, die vor einem ***Löwen*** flüchtet, der sie gut und gerne mit 60 km/h verfolgt und damit ungeachtet des Körpergewichts ebenfalls hervorragende Sprinterqualitäten entwickelt. Der ***Gabelbock*** oder ***Antilocapra americana*** ist ebenfalls ein schneller Läufer, er kann auf mittleren bis langen Distanzen einen Schnitt von 50 bis 70 km/h halten. Schnell und ausdauernd zugleich sind ***Pferde*** und ***Hyänen***, sie sind die Mittelstrecken-Champions. Ein Pferd kann 3 bis 4 km bei 60 km/h galoppieren, die Hyäne läuft 2 bis 3 km bei 40 km/h ohne außer Atem zu kommen. Das können auch die zahlreichen ***Hunderassen***, die eigens wegen ihrer Läuferqualitäten gezüchtet wurden, nicht besser.

Der ***Strauß*** ist eine Ausnahme unter den Sprintern. Wie alle Vögel ist er ein Zweibeiner, doch er fliegt nicht, sondern läuft, und zwar mit einer eindrucksvollen Durchschnittsgeschwindigkeit von 50 bis 70 km/h, die er 30 bis 40 Minuten lang halten kann!

WISSENSWERTES

Als echter Marathonläufer an lange Strecken gewöhnt, legt der **Wolf** normalerweise nicht mehr als 8 km pro Stunde zurück. Wenn er jedoch im Rudel jagt, kann er bis zu 20 Minuten eine Durchschnittsgeschwindigkeit von 60 km/h halten!

Gepard, Strauß und Thompsongazelle sind die schnellsten Läufer der Erde!

Sprinter zu Wasser und zu Land

Unter den Meerestieren ist der schnellste Sprinter der Segelfisch, er erreicht bei ruhiger See Geschwindigkeiten von bis zu 109 km/h, das sind 100 m in 3,3 Sekunden. Der ***Thunfisch*** ist ebenfalls nicht gerade langsam, er schießt mit 80 km/h durch die Wogen, wie eine Raubkatze! Unter den Wirbellosen ist die ***Solifuge*** oder ***Walzenspinne*** am schnellsten, sie legt 100 m in 24 Sekunden zurück, das Interessante daran ist jedoch, dass diese Tiere niemals stehen bleiben, nur etwas langsamer werden. Eine ***amerikanische Laufkäferart***, die der Wanze gleicht, legt 5,4 km in der Stunde zurück – was an und für sich nicht aufregend klingt, aber umso eindrucksvoller wird, wenn man bedenkt, dass das dem 50fachen der Körperlänge in der Sekunde entspricht.

Sprinter in der Luft

Die schnellsten Tiere auf unserem Planeten sind die ***Vögel****. Der Weltmeister unter ihnen ist der* ***Wanderfalke*** *(siehe Bild), der Spitzengeschwindigkeiten von 180 bis 360 km/h im Sturzflug erreichen kann. Auch ein nicht unbedingt wie ein Jagdflieger aussehender Vogel wie der* ***Kranich*** *(Bild unten) versteht zu beeindrucken, er erreicht Reisegeschwindigkeiten von 70 bis 80 km pro Stunde … manches Reh würde ihn darum beneiden!*

Die Stärksten

Zu den stärksten Tieren zählen jene, die eine solche Größe erreichen, dass sie unweigerlich eine unglaubliche Muskelmasse angesammelt haben, wie der ***afrikanische*** und der ***asiatische Elefant***, die 7 bzw. 5 Tonnen auf die Waage bringen und Lasten von über 1 Tonne mühelos tragen können. Auch der ***See-Elefant*** besitzt enorme Kräfte, die er vorzugsweise im Kampf gegen Nebenbuhler zeigt und die er seinem ansehnlichen Körpergewicht von über 3,5 Tonnen zu verdanken hat. Und die legendären Riesenschlangen wie ***Boa*** oder ***Python*** können zwischen den Windungen ihres Körpers Beutetiere von der Größe einer Antilope erdrücken.

Python

Frosch

Boa

WISSENSWERTES

Die kräftigen Hinterbeine eines ***Frosches*** sind um ein Vielfaches stärker als die eines Radrennfahrers. Nur schade, dass er lieber gemütlich in kleinen Teichen schwimmt und im Mondenschein Konzerte abhält als spektakuläre Bergetappen zurückzulegen …

Fliegengewichte

Es ist eine bekannte Ironie, dass gerade die Winzlinge im Tierreich oft ungeahnte Kräfte entfalten. Ein **Fink** *zum Beispiel liebt Früchte, aber nicht nur das, mit seinem Schnabel knackt er die Kerne der Steinobstsorten, denn die darin enthaltenen Nüsse schmecken ihm besonders gut. Er übt dabei einen Druck von* $15\ kg/cm^3$ *aus – bei 55 g Körpergewicht! Ein lebender Nussknacker …*

Eine **Ameise** *kann Lasten vom Vierfachen ihres eigenen Körpergewichts tragen, ein Gewichtheber schafft gerade mal das Zweieinhalbfache …*

Das mächtige Bein eines Elefanten

Afrikanischer Elefant

Die Gefährlichsten

Zu den am meisten gefürchteten Tieren zählen sicherlich die ***giftigsten:*** die kleinen ***Blauringkraken***, der ***Steinfisch***, der ***Kugelfisch***, der ***Skorpion*** und eine kleine, aber hochgiftige Spinne, die ***Schwarze Witwe***, dazu noch einige Schlangen wie die ***Indische Kobra*** und der ***Australische Taipan***, die mit einem einzigen Biss einen Menschen töten können … Im Falle des Taipan würde das bei einem Biss injizierte Gift ausreichen, 250.000 Mäuse zu töten.
Oft fallen der ***Korallenschlange*** Kinder zum Opfer, die von der schönen Zeichnung mit den Ringen angezogen und dazu verführt werden, die kleine, unschuldig aussehende Schlange zu berühren. In Kolumbien lebt der giftigste Frosch der Welt, der ***Erdbeer-Giftpfeilfrosch***: Ein Hundertstelgramm seines Giftes genügt, um einen Menschen zu töten. Aus einem der winzigen Tiere gewinnen die Indios genügend Gift, um 50 Pfeile damit zu imprägnieren …
Ein bekannter Bösewicht ist der ***Weiße Hai***, der mehr als 12 m lang wird und etwa 3 Tonnen wiegt. Seine beiden Reihen aus mehr als 3000 messerscharfen, über 7 cm langen Zähnen sitzen in einem kräftigen Kiefer und haben ihm seinen Ruf als gefürchteter Menschenfresser eingebracht, obwohl er sich in Wirklichkeit hauptsächlich von Robben und Delfinen ernährt und es jedes Jahr in allen Weltmeeren zusammen nicht mehr als 50 bis 60 Angriffe auf Menschen gibt. In der Fantasie der Menschen sind ***große Raubtiere*** immer schon diejenigen unter den Tieren gewesen, die als am gefährlichsten eingestuft werden: ***Löwen, Leoparden, Büffel, Tiger, Jaguare***. Das ist selbst heute noch so, wo sie schon seit Jahrhunderten bejagt und dezimiert wurden und ihr Habitat bereits durch die menschlichen Siedlungen so weit eingeschränkt wurde, dass es von vielen Spezies nur noch einige Tausend Individuen gibt. Jedes Jahr fallen diesen so genannten wilden Tieren weltweit weniger Menschen zum Opfer als den ***Quallen***, den ***Bienen*** oder gewissen ***Protozoen***, der ***Tsetsefliege*** und der die Malaria übertragenden ***Anophelesmücke***, die in manchen Gegenden schlimmer wütet als die Pest: Allein in den tropischen Ländern verursacht sie bis zu 3 Millionen Todesfälle im Jahr.

Steinfisch

Qualle

Kugelfisch

WISSENSWERTES

Piranhas haben ebenfalls einen ziemlich üblen Ruf unter den Fischen. Zwar von geringer Körpergröße (30 bis 60 cm), sind sie sehr gefräßig und können in der Gruppe selbst ein großes Beutetier in Minutenschnelle bis auf die Knochen abfressen …

KALTER SCHWEISS

In Italien, insbesondere in der Toskana, lebt eine enge Verwandte der Schwarzen Witwe, die **Malmignatte**. *Das Weibchen ist kaum 1 cm lang und hat 13 rote Punkte auf dem Rücken. Wenn man sie stört, kann sie stechen, was zu Übelkeit, Fieber, Lähmungserscheinungen und kalten Schweißausbrüchen führt – bei solchen Symptomen nach einer Begegnung mit einer Spinne sollte man sich jedenfalls zum Arzt begeben.*

Beeindruckende Fänge: Weißer Hai, Tiger und Kobra

Die Größten

Krokodil

Das absolut größte Tier auf der Erde ist ein Säugetier, der ***Blauwal***. Er wird bis zu 30 m lang und 200 Tonnen schwer, das entspricht 30 afrikanischen Elefanten. Und einen gesegneten Appetit hat der Gigant auch, bei einer Mahlzeit verschlingt er bis zu 3 Tonnen Krabben!
Mit bis zu 18 m Länge ist der ***Walhai*** auch ein ziemlich dicker Fisch, der größte seiner Gattung. Und das schwerste Kaliber auf Erden ist der ***Elefant*** mit 4 m Länge und bis zu 7 Tonnen Gewicht. Um seinen Hunger zu stillen, braucht er täglich 250 kg feste Nahrung und 220 Liter Wasser.
Flusspferd und ***Nashorn*** finden wir ebenfalls im Spitzenfeld, beide werden etwa 4 m lang, 1 m hoch und 3 bis 4 Tonnen schwer, wobei die zweiteren noch ein Horn von bis zu 1 m Länge auf der Nase tragen!
Bisons, Büffel und ***Yak*** sind auch nicht zu verachten, sie wiegen rund 1 Tonne und donnern hörbar durch die amerikanischen Steppen, indischen Tiefebenen und kommen sogar in Schwindel erregenden Höhen von 5000 m im Himalajagebiet vor. Der größte Fleischfresser ist der ***Braunbär***, bei bis zu 3 m Körpergröße kann er 8 Zentner auf die Waage bringen.
Mit diesen Kalibern können nur wenige Vertreter des Tierreiches annähernd mithalten. Das ***Krokodil*** mit seinen 7 m Länge und rund 1 Tonne Körpergewicht sowie die ***Dermochelys coriacea*** aus der Familie der Lederschildkröten mit über 600 kg Gewicht zählen da sicherlich dazu.

Groß und muskulös: Blauwal, Elefant, Braunbär, Büffel und der Komodowaran im direkten Größenvergleich

Flusspferde

VON PYTHONS UND ECHSEN

Die **Komodowarane** *sind die größten Echsen der Welt: Ausgewachsene Männchen wiegen bis zu 135 kg bei einer Körperlänge von etwa 3 m. Unter den Schlangen machen* **Python** *und* **Anakonda** *einander den Rang des Größten streitig: Beide können bis zu 10 m lang werden, mit einem Körpergewicht von bis zu 250 kg schlägt die Anakonda den Python jedoch knapp.*

WISSENSWERTES

Unter den Primaten kann allein der Mensch in Sachen Körpergröße annähernd mit dem etwa 2 m großen ***Gorilla*** konkurrieren, kaum jedoch in Sachen Gewicht: Der Gorilla wiegt gut 2 Zentner und hält damit den Rekord in seiner Klasse.

Die Größten

Der ***Goliathfrosch*** lebt im afrikanischen Regenwald an Flussläufen und kann für einen Frosch wirklich riesenhafte Dimensionen annehmen: 40 cm Körperlänge und 3,5 kg Gewicht! Da kann nur der amerikanische ***Ochsenfrosch*** halbwegs mithalten, der 20 cm lang wird ... Das größte Tier unter den Amphibien ist jedoch der japanische ***Riesensalamander***, der 1,5 m lang werden kann. Unter den Vögeln ist der unbestrittene Champion der ***Strauß***, der 2,7 m hoch und 150 kg schwer wird. Die Konkurrenz liegt weit abgeschlagen dahinter: Der ***Wanderalbatros*** ist zwar 1,35 m lang und hat eine Flügelspannweite von gut 3,5 m, wiegt aber nur gerade einmal 10 kg, ein Leichtgewicht sozusagen.

Im Amazonasgebiet lebt der größte aller bekannten Käfer, ***Titanus giganteus***, der ***Herkuleskäfer***. Die ausgewachsenen Tiere sind etwa 15 cm lang, die Larven können sogar noch länger sein! Unter den ***Schmetterlingen*** fällt besonders einer aus Papua-Neuguinea ins Auge, er hat eine Flügelspannweite von 280 mm und ist mit seinem Gewicht von rund 25 g ein wahrer Gigant seiner Art! Der ***Goliathkäfer*** aus Äquatorialafrika ist so groß wie ein reifer Apfel, der ***Riesenkrebs***, der im Japanischen Meer anzutreffen ist, sieht aus als wäre er einem Film voller *special effects* entsprungen: Der Abstand zwischen seinen Scheren beträgt 3,65 m! Ganz zu schweigen vom ***Riesenkalmar*** (siehe Illustration), der so groß ist wie ein Fischerboot, das sind über 20 m Länge.

WISSENSWERTES

Der größte Nager ist das ***Wasserschwein (Capybara)*** aus Südamerika, es wird bis zu 1,5 m lang und wiegt über 80 kg. Unter den Beuteltieren ist das ***Rote Riesenkänguru*** der größte Vertreter, als echter Schwergewichtler wiegt es 1 Zentner und wird etwa 2 m groß.

Wirbellose Dickhäuter

Auch unter den Wirbellosen gibt es dickhäutige Giganten … Unter den Gastropoden fällt die ***afrikanische Riesenschnecke*** auf, sie ist etwa 40 cm lang und wiegt rund 900 g. Neuseeland ist die Heimat des ***Weta***, eines grillenartigen Insekts, das bis zu 8 cm lang werden und an die 70 g Gewicht erreichen kann. Der ***Kaiserskorpion*** wird 10 cm lang und kann über 50 g wiegen, ist aber nicht so giftig wie man aufgrund seiner Größe vielleicht annehmen würde …

ZYKLOPNSTERNE

Sogar unter den **Seesternen** *gibt es einige mit riesenhaften Dimensionen. Manche können mit ausgestreckten Armen eine Fläche von gut einem Quadratmeter bedecken, darauf fänden an die hundert ihrer herkömmlichen, im Mittelmeer häufigen Verwandten Platz.*

Zwerge und …

Das kleinste Säugetier der Welt unter den Bodenbewohnern ist eine Spitzmausart, die ***Etruskerspitzmaus***. Sie misst mit Schwanz nur 6 bis 7 cm Länge und wiegt kaum 2 g. Damit ist sie 100 Millionen Mal kleiner als der Blauwal.

Auch ein winziger Vogel ist nicht größer, der ***Kolibri***. 2 g wiegt auch die ***Schmetterling-Fledermaus*** aus Thailand, sie wird nicht über 3,5 cm lang.

Der Zwerg-Mausmaki ***Microcebus myoxinus*** aus Madagaskar ist der kleinste unter den Primaten, er wird nur etwa 6 cm lang, mit Schwanz 14, und wiegt rund 30 g. Die kleinste Echse ist ein ***Gecko***, der in der Karibik lebt und von der etwa 15 Exemplare bekannt sind, der größte davon ist kaum 18 mm lang.

Ein Zwerg unter den Fischen ist, wie ihr Name schon sagt, die ***Zwerggrundel***. Sie ist 8,6 mm lang und wiegt nur 4 bis 5 g, damit ist sie das kleinste der Wirbeltiere. Der Zwerg unter den Amphibien ist ein ***Minifrosch*** aus Kuba, der 8 bis 12 mm lang ist. Es gibt auch Minischlangen, wie ***Leptotyphlops bilineata***, die vom Kopf bis zur Schwanzspitze nur 108 mm Länge erreichen.

Zecken und ***Milben*** sind die kleinsten Spinnentiere, zählen aber sicherlich zu den verbreitetsten: sie können zwischen 0,10 mm und 3 cm groß sein.

Giraffen

WISSENSWERTES

Eine ***Spinne*** aus Samoa wird kaum einen halben Millimeter lang, sie ist kaum so groß wie ein Pünktchen …

... Riesen

Giraffen sind die größten Tiere auf der Erde, ausgewachsene Männchen können bis zu 5,5 m hoch werden. Außerdem besitzen Giraffen auch den längsten Hals im Tierreich.

Die dicksten Tiere, die **_Elefanten_**, sind logischerweise auch die schwersten auf Erden. Sie werden bis zu 4 m hoch, und was die Größe ihrer Ohren betrifft, sind sie unschlagbar!

Eine spezielle Erwähnung haben auch **_Kamele_** und **_Dromedare_** verdient, die sich die Welt mit hochmütigem Blick aus 2 bis 2,3 m Höhe ansehen und gut 5,6 Zentner auf die Waage bringen.

Kolibri, Mausmaki, karibischer Gecko, Etruskerspitzmaus, kubanischer Minifrosch, alle kleiner als ein Zeigefinger, finden locker zusammen auf einer Hand Platz.

Afrikanischer Elefant

Die Robustesten

Der ***Eisbär*** lebt am Nordpol in Schneehöhlen und hält zweifellos den Rekord der größten Kälteresistenz unter den Säugetieren, denn dort herrschen Temperaturen um –40 °C. Noch widerstandsfähiger ist jedoch ein Vogel, der ***Kaiserpinguin***, der bis zu –60 °C locker wegsteckt. Das Männchen, das das einzige Ei des Weibchens ausbrütet, nimmt während dieser Zeit weder Nahrung noch Wasser zu sich – ein Fastenrekord von 3 Monaten!
In der Gluthitze der Wüste ist das ***Dromedar*** (siehe Bild links) der Champion der Hitzeresistenz! Bei Temperaturen von 60 bis 70 °C kann es Wochen ohne Nahrung und Wasser auskommen, da es ein Fettdepot in Form seines Höckers mit sich trägt. Kommt es dann jedoch an eine Wasserstelle, ist es in der Lage, bis zu 140 Liter Wasser in einer Viertelstunde zu trinken – da kann man wohl von »Volltanken« sprechen … In der australischen Wüste lebt ein ***Frosch***, der es bis zum nächsten Trunk sogar bis zu zwei Jahren aushält. Er kommt erst aus dem Loch, in das er sich bei Anbruch der Trockenzeit zurückgezogen hat, wenn ihn Regentropfen aus der Starre wecken.

Kaiserpinguin, Gletscherfloh und Eisbär könnten selbst in einem handelsüblichen Gefrierschrank noch überleben – zwischen den Speiseeis-Packungen!

Walross

WISSENSWERTES

Ein kaum 2 mm langes Insekt, der so genannte ***Gletscherfloh***, kann dank des in seinem Organismus enthaltenen natürlichen Frostschutzmittels Glycerol tiefen Frost bis –15 °C widerstehen.

Rekorde im Tauchen …

Ein Wal, der ***Pottwal***, ist der unbestrittene Tauchchampion im Tierreich. In bis zu 1000 m Tiefe kann er eine Stunde ausharren ohne zum Luftholen aufzutauchen. Ein fast ebenso guter Taucher ist ***Kaiserpinguin***, der in der Antarktis lebt. In den eiskalten Wassern des Ross-Meeres taucht er 400 bis 500 m hinab und kann bis zu 20 Minuten unter Wasser bleiben.

Pottwal

Arktische Seeschwalbe

Fliegende Säugetiere

Die größten fliegenden Säugetiere der Welt sind die **Flughunde**, *45 cm lange Fledermäuse von rund 1,5 kg Gewicht und einer Flügelspannweite von 1,7 m!*

… im Weitfliegen …

Auf ihren Wanderungen legen die ***Arktischen Seeschwalben*** in wenigen Wochen bis zu 36.000 km zurück, überfliegen Kontinente und Ozeane auf ihrem Weg auf die südliche Hemisphäre und bis zum Südpol. Bei günstigem Wind schaffen sie dabei bis zu 160 km an einem einzigen Tag. Den Rekord im Langstreckenflug ohne Zwischenstopps hält eine ***Kuckucksart aus Neuseeland***, die auf den Salomoneninseln im Pazifik brütet und dazu eine Strecke von 4400 km ohne Unterbrechung fliegen muss.

Wilde Schwäne könnten theoretisch sogar den Mount Everest überfliegen.

… im Höhenflug!

Rekorde in Bezug auf die Flughöhe halten der ***Sperbergeier*** (vereinzelte Exemplare wurden in 11.000 m gesichtet) und der ***wilde Schwan***, der in 8000 m Höhe, das ist bereits über Flugroutenhöhe, seine Bahnen zieht.

WISSENSWERTES

Die ***Rußseeschwalbe*** kann bis zu 10 Jahre ununterbrochen in der Luft bleiben, sie frisst, schläft und vollzieht die Paarung im Flug – ein Marathon der besonderen Art!

Sperbergeier

Unermüdliche Wanderer

Unter den unermüdlichen Wanderern hat das ***Gnu*** einen Ehrenplatz verdient. Bedingt durch den Wechsel von Regen- und Trockenzeit müssen die Herden jedes Jahr lange Strecken auf der Suche nach Nahrung und Wasser zurücklegen. Dabei durchqueren sie auf Wanderungen über hunderte von Kilometern die Tiefebenen und Savannen der afrikanischen Serengeti und der Masai Mara. Jedes Jahr bleiben etliche Tiere auf der Strecke, die neben den Strapazen des Weges den Jägern, den Raubtieren und den Krokodilen zum Opfer fallen, die in den Flüssen lauern. Eher als eine Wanderung ist das eine Abenteuerreise à la Indiana Jones ...
Die ***Karibus***, nordamerikanische Rentiere (siehe Illustration), durchqueren ebenfalls im Wechsel der Jahreszeiten die Tundra und die Wälder der kanadischen Taiga und legen dabei nicht weniger als 3000 km zurück.
Die Wanderungen der ***Lemminge*** (siehe Illustration), kleiner Nager, die in der Arktis leben, haben demographischen Charakter: Etwa alle 4 Jahre, wenn die Population auf das bis zu 200fache angewachsen ist, brechen sie auf, um neue Futterplätze zu suchen. Nicht selten endet diese Wanderung tragisch, mit dem Tod von tausenden Tieren in den eisigen Wassern des Nördlichen Polarmeers.

Grossartige Navigatoren

Große Wanderungen unternehmen auch die **Aale**, *die aus der Sargasso-See bis an die Küsten Europas wandern und von dort, sobald sie ausgewachsen sind, etwa 10 Jahre später in den Atlantischen Ozean zurückkehren und dabei tausende von Seemeilen zurücklegen. Genau umgekehrt machen es die* **Lachse**, *die die Flüsse hinab ins Meer und tausende Kilometer von der Küste entfernt abwandern, um anschließend wie die Pilger auf den eigenen Spuren in die Flüsse, Bäche und bis an die Quellen zurückkehren, wo sie einst geboren wurden. Es leiten sie einzig der Instinkt und ihr Geruchssinn.* **Meerschildkröten** *kommen ebenfalls viel herum, gewöhnlich entfernen sie sich bis zu 1500 km von den Stränden, an denen sie geschlüpft sind und können nötigenfalls bis zu 40 km am Tag zurücklegen.*

Aal (oben) und Meerschildkröte

Die Langlebigsten

Dass ***Schildkröten*** ein hohes Alter erreichen können ist bekannt, bei der ***Seychellen-Riesenschildkröte*** können es 200 Jahre werden. Eine Brückenechse, die ***Tuatara***, kann mehr als 100 Jahre alt werden, dazu trotzt ihre Spezies bereits seit 220 Millionen Jahren dem Aussterben. Die ***Mercenaria***, eine Plattmuschel der Gattung Tellina, die in tropischen Meeren lebt, kann ebenfalls bis zu 200 Jahre alt werden! Der größte Vertreter der Mollusken, die ***Riesenkammmuschel***, kann die Respekt einflößende Größe von 135 cm und ein Gewicht von 3,5 Zentnern erreichen – und mit gut 100 Jahren auch ein ansehnliches Alter, ebenso wie die ***Languste***. Auch unter den ***Aalen*** gibt es mitunter 80-jährige Exemplare, die noch genauso munter schwimmen wie ihre jüngeren Artgenossen. Manche ***Störe*** werden 180 Jahre alt, während ***Goldfische*** bereits mit knapp 40 Jahren das Zeitliche segnen, und wenn man das Wasser des Aquariums noch so oft wechselt. ***Papageien*** werden selten älter als 30 Jahre, unter den ***Kakadus*** dagegen findet man immer wieder einen 80-jährigen Methusalem. ***Kondore*** (siehe Bild) können ein ähnliches Alter erreichen, doch sie werden heutzutage immer seltener.

Kann man auch bei Tieren das Alter an den Falten ablesen?

Languste

Papagei

WISSENSWERTES

Gewisse ***Eintagsfliegen*** leben 2 bis 3 Jahre im Nymphenstadium am Grund von Teichen, Seen oder Bächen, um dann die Metamorphose abzuschließen und kaum eine Stunde als Fliege ihre Kreise zu ziehen …

Riesenkammmuschel

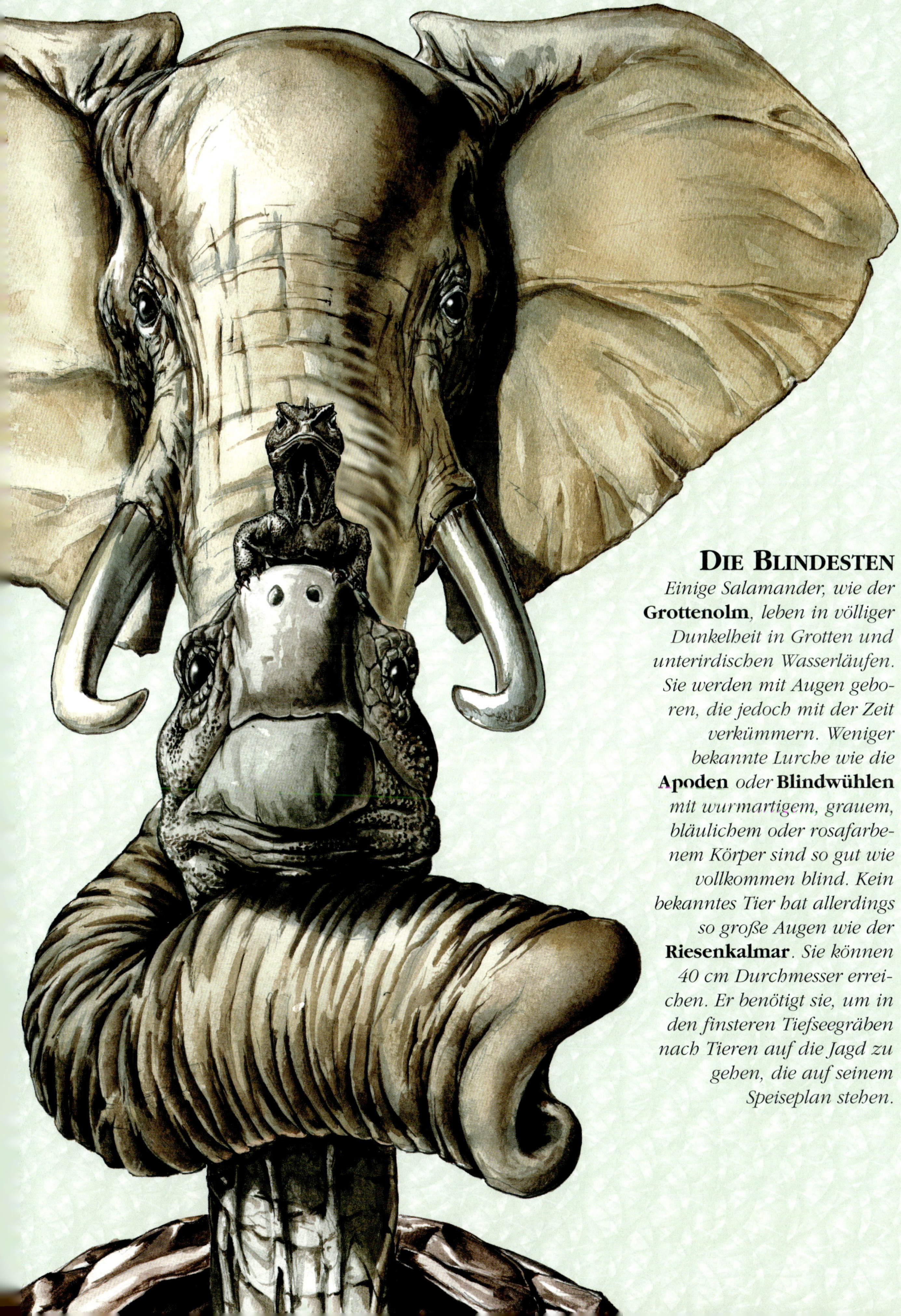

Die Blindesten

Einige Salamander, wie der **Grottenolm**, *leben in völliger Dunkelheit in Grotten und unterirdischen Wasserläufen. Sie werden mit Augen geboren, die jedoch mit der Zeit verkümmern. Weniger bekannte Lurche wie die* **Apoden** *oder* **Blindwühlen** *mit wurmartigem, grauem, bläulichem oder rosafarbenem Körper sind so gut wie vollkommen blind. Kein bekanntes Tier hat allerdings so große Augen wie der* **Riesenkalmar**. *Sie können 40 cm Durchmesser erreichen. Er benötigt sie, um in den finsteren Tiefseegräben nach Tieren auf die Jagd zu gehen, die auf seinem Speiseplan stehen.*

Erstaunliches Federvieh

Unter den Vögeln hat der bis zu 135 cm lange ***Brüllalbatros*** die größte Spannweite: über 3 m! Fast wie ein kleines Flugzeug! Den längsten Schnabel besitzt mit fast 50 cm der ***Pelikan***, der ihn zum Fischen benutzt. Der ***Schwertschnabel-Kolibri*** hält den Langschnabelrekord, wenn man die Schnabellänge in Relation zur Körpergröße betrachtet: Bei ihm macht der Schnabel mehr als die Hälfte seiner 25 cm Körperlänge aus. Der ***Strauß*** ist der größte Vogel der Welt, und er legt auch die größten Eier, ein herkömmliches Hühnerei würde in einem Straußenei 24-mal Platz finden.

Die Schale ist 1,5 mm dick, sie kann das Gewicht eines Erwachsenen aushalten ohne zu brechen. Die kleinsten Eier legt der ***Vervain-Kolibri*** aus Jamaika, sie sind höchstens 10 mm lang und wiegen etwa 0,365 g (siehe Illustration).

Der ***Afrikanische Graupapagei*** ist dagegen eine rekordverdächtige Plaudertasche: Einige Exemplare verfügen über ein Vokabular von rund 800 menschlichen Worten! Nicht schlecht, wenn man bedenkt, dass er nie eine Schule besucht hat! Das wohl verbreitetste Federvieh sind die ***Hühner***, schätzungsweise gibt es etwa 10 Millionen davon auf der Erde. Eines darunter, das japanische ***Langschwanzhuhn***, darf sich brüsten, die längsten Schwanzfedern von allen zu besitzen – sie messen bis zu 10 m!

Weißkopfseeadler (Nordamerika)

Pelikane

WISSENSWERTES

Mit 3 m Breite, 6 m Tiefe und einem Gewicht von bis zu 2 Tonnen ist das Nest des ***Weißkopfseeadlers*** das größte der Welt. Am Bau arbeiten sogar die Jungvögel mit!

Kuriose Gesellen

Ein großes, grillenähnliches Insekt, der ***Weta*** aus Neuseeland, hat keine Flügel und kann daher nicht fliegen. Sein viel kleinerer Verwandter, die ***Eintagsfliege***, kann dagegen nicht fressen, sie besitzt nichts, was einem Mund ähnlich wäre und lebt nur ein paar Stunden, in denen sie einzig damit beschäftigt ist, sich zu paaren und damit den Fortbestand der Art zu sichern. ***Termitenkolonien*** wiederum bauen die größten Insektenbaue der Welt, turmartige Säulen von 10 bis 12 m Höhe. Die ***Präriehunde***, kleine Säugetiere aus Nordamerika, graben bis zu 30 m lange Höhlen unter der Erde, in denen tausende von Tieren Platz finden. Bei einigen Arten der ***Goldenen Kugelspinne*** ist das Weibchen rund 100-mal größer als das Männchen – da ist es nicht einmal der Mühe wert, es zu verschlingen.
Das scheuste Tier weit und breit ist sicherlich der ***Riesenpanda***, der ***Goldene Tamarin*** aus Brasilien ist der seltenste Affe und daher nicht von ungefähr kaum bekannt, das ***Schnabeltier*** ist wohl eines der seltsamsten Tiere, es hat einen Schnabel wie eine Ente, das Skelett eines Reptils, legt Eier wie ein Vogel und wird aber, weil es Brustdrüsen besitzt, als Säugetier klassifiziert. ***Schwämme*** galten lange Zeit als Pflanzen, sind aber in Wirklichkeit Tiere, zu denen gut 5000 verschiedene Spezies zählen. An Gefräßigkeit sind nicht nur ***Heuschrecken*** rekordverdächtig: Die ***Afrikanische Schrecke*** ist 30 cm lang und damit nicht nur die größte ihrer Gattung, sie ist auch so unersättlich, dass sie verheerende Schäden an landwirtschaftlichen Kulturen anrichten kann.

Oben und Mitte: verschiedene Arten von Schwämmen; unten: Koala; links unten: Schnabeltier

WISSENSWERTES

Der australische ***Koala*** dagegen ist sehr genügsam. Er ernährt sich fast ausschließlich von einer einzigen Art von Eukalyptusblättern, und um auf seine Tagesration von rund 500 g zu kommen, sucht er Dutzende von Bäumen unermüdlich ab. Jede andere Art von Nahrung wird dabei verschmäht.

Der ***Straßenläufer*** ist ein eigenartiger Kauz, er fliegt so gut wie nie, ist aber in der Lage, auf seinen robusten Beinen bis zu 32 km in der Stunde zurückzulegen. Auch die ***Kängurus*** haben eine eigentümliche Art der Fortbewegung für sich entdeckt, ihre Sprünge sind bis zu 12 m lang und so effizient, dass sie das gewöhnliche Laufen verlernt haben …

Der ***Delfin*** gilt als eines der intelligentesten und neugierigsten Tiere der Welt, unter den Wirbellosen erfreut sich der ***Krake*** eines ähnlichen Rufs.

Der ***Siebenschläfer*** verschläft einen Großteil des Jahres. Oft ist der Winterschlaf so tief, dass die Tiere nicht einmal aufwachen, wenn sie aus dem Nest fallen.

Zu den lautesten Tieren gehören sicherlich die ***Brüllaffen*** aus Mittelamerika, sie stoßen so durchdringende Schreie aus, dass sie noch in 4 km Entfernung zu hören sind. Auch ***Wale*** machen sich weithin bemerkbar. Ihre Ultraschall-Botschaften erreichen eine Lautstärke von 180 Dezibel, im Vergleich dazu übersteigt der Lärm eines Flugzeugs beim Abheben kaum 120 Dezibel.

Die ***amerikanische Feldmaus*** kann in einer Saison bis zu 17-mal werfen, das bedeutet einen Nachwuchs von rund 150 Jungen. Das fruchtbarste Tier auf diesem Planeten ist aber sicherlich die ***Kohlblattlaus***, in einem Jahr kann sie theoretisch einige Millionen an Nachkommen zeugen. Die ***Stabheuschrecke*** hingegen legt riesige haselnussartige Eier.

Oben: Riesenpanda; Mitte: Brüllaffe; unten: Siebenschläfer; ganz unten: Zwei kluge Delfine unterhalten sich mit dem schlauen Kraken.

RECORDNEWS

TIERE

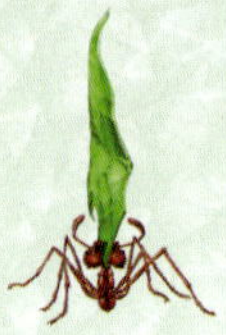

Sein oder nicht sein ...

Seit die ersten Lebensformen vor etwa 2,5 Milliarden Jahren auf Erden erschienen sind, gab es mindestens 5 große Perioden des Massenaussterbens. Darunter versteht man das mehr oder weniger gleichzeitige Verschwinden einer großen Zahl von Spezies, das Paläontologen (Wissenschaftler, die die fossilen Spuren vergangenen Lebens auf der Erde erforschen) gewöhnlich verschiedenen Ursachen zuschrieben: Klimaverschiebungen, unvorhergesehenen Veränderungen des Lebensraumes, geologischen Veränderungen der Erdkruste, aber auch Naturkatastrophen wie großen Vulkanausbrüchen oder Meteoriteneinschlägen.

Das bekannteste Massenaussterben erfolgte in der ***Kreidezeit*** am Ende des ***Mesozoikums***, im Zeitraum zwischen vor 70 und vor 65 Millionen Jahren, als die Dinosaurier vollkommen verschwanden, aber nicht nur sie, sondern auch geflügelte Reptilien sowie zahlreiche wirbellose Arten, die im Meer lebten, wie etwa die Ammoniten, die man in versteinerter Form noch in vielen Kalkgesteinen findet. Damals gingen etwa 50 bis 70% aller lebenden Spezies zugrunde. Zuvor hatten aber bereits andere Perioden des Massensterbens das Leben auf Erden bedroht.

Im ***Ordovizium*** vor 500 bis 470 Millionen Jahren haben starke Schwankungen des Meeresspiegels 85% aller im Meer lebenden Spezies ausgelöscht, darunter viele Brachiopoden, kleine, molluskenartige Tiere. Im ***Devon*** vor 360 bis 350 Millionen Jahren wurden 83% der Panzerfische oder Placodermi, gefürchtete Räuber der Meere mit kräftigen Kiefern, durch eine plötzliche Abkühlung des Planeten ausgelöscht, die wahrscheinlich von einem Meteoriteneinschlag herrührte, der den Sauerstoffgehalt im Ozean reduzierte.

Einem Massenaussterben im ***Perm*** vor 250 Millionen Jahren fielen die bislang unbestrittenen Herrscher der Meere, die Trilobiten, gepanzerte und mit Tentakeln bewehrte Vorfahren der Arthropoden, zum Opfer: 95% der im Meer lebenden Arten gingen durch einen plötzlichen Klimaumschwung, eine Veränderung des Meeresspiegels, starke vulkanische Aktivität und vielleicht auch einen Asteroidenhagel, der auf die Erde niederging, zugrunde.

In der ***Trias*** schließlich, vor 200 Millionen Jahren, fielen noch einmal 80% der im Meer lebenden Spezies der Evolution zum Opfer. Der Grund waren wieder starke vulkanische Aktivität und eine Erwärmung der Landmassen und der Meerestemperatur.

Heutzutage schlagen Biologen, Ethologen und Zoologen wieder Alarm, da ein weiteres Massenaussterben bevorzustehen scheint.

Die Ansichten darüber sind geteilt, doch es ist eine Tatsache, dass die Artenvielfalt heute 10.000-mal schneller reduziert wird als in ihrem früheren, natürlichen Rhythmus. Obwohl es in gewisser Hinsicht ebenfalls natürlich ist, dass Spezies periodisch verschwinden und von anderen, erfolgreicheren Arten zurückgedrängt werden, gibt es doch einige beunruhigende Anzeichen. Die Population der Tiger auf Erden wurde beispielsweise in den letzten 100 Jahren um 95% dezimiert, im gleichen Zeitraum fielen 10 bis 12 Millionen Elefanten der Jagd zum Opfer.

REKORDE
im Reich der
PFLANZEN
und
BÄUME

Wälder und Urwälder

Im tropischen ***Regenwaldgürtel***, der sich im Äquatorialbereich unseres Planeten erstreckt, leben mehr als die Hälfte der heute bekannten Tier- und Pflanzenarten. Ein einziger Baum kann bis zu 400 verschiedene Spezies beherbergen! Im ***Amazonasgebiet*** liegt der größte ***tropische Regenwald*** der Erde, das größte ***Nadel- und Birkenwaldgebiet*** ist die sibirische ***Taiga***. Am meisten Waldfläche von allen Ländern der Welt besitzt Surinam. 91% des Staatsgebietes sind von Wäldern bedeckt; es folgen die Salomonen mit 89% und Papua-Neuguinea mit 83%.
Steppen sind ausgedehnte Flächen mit zahlreichen Graspflanzen und nur wenigen Bäumen. Die größten unter ihnen weisen höchst unterschiedliche Merkmale auf, es sind die ***afrikanische Savanne***, die ***argentinische Pampa*** und die ***eurasische Steppe***. Bislang haben Botaniker 380.000 verschiedene Pflanzenarten klassifiziert. Am artenreichsten ist die Abteilung der ***Angiospermen*** oder Blütenpflanzen, zu denen über 250.000 Spezies zählen. Sie pflanzen sich durch Blüte und Frucht fort. Unter den Blütenpflanzen ist die Familie der ***Orchideen*** am artenreichsten, es gibt über 35.000 Spezies. An ***Fleisch fressenden Pflanzen*** sind rund 500 Arten bekannt. Weiters gibt es etwa 10.000 verschiedene Arten von ***Farnen***, 12.000 ***Algen*** und rund 100.000 ***Pilzarten***. Auf einem Hektar Regenwald findet man bis zu 200 verschiedene Spezies von Pflanzen.

WISSENSWERTES

Die größte Anzahl von Jahresringen, die man je an einem gefällten Baum gefunden hat, betrug 280 pro Zentimeter Durchmesser. Sie gehörten zu einer mindestens 4000 Jahre alten ***Sequoia***.
Rekordverdächtiges Wachstum kann man einer Waldpflanze aus Malaysia bescheinigen: die ***Breitlaubige Albizie*** kann in einem einzigen Jahr bis zu 10 m wachsen. Doch einige ***Bambusarten*** schaffen sogar bis zu 90 cm an einem einzigen Tag!

Unten: Sibirische Taiga; ganz unten: Argentinische Pampa

Oben: Regenwald am Amazonas
Mitte: Orchidee
Unten: Fleischfressende Pflanze

Der Riesenbovist ist ein Gigant, der selbst im Schatten der höchsten Bäume noch auffällt.

Bäume und Stämme

Der älteste Baum der Welt ist der ***Ginkgo biloba***, er stammt aus China und existiert bereits seit 160 Millionen Jahren. Andere lebenden Fossilien sind der ***Schachtelhalm***, die ***Palmfarne*** und die ***Farne***, der Vorfahren zur Zeit, als Dinosaurier die Erde bevölkerten. Eine Sequoia in Kalifornien, *Eternal God* genannt, ist mit gut 12.000 Jahren älter als die Pyramiden in Ägypten und der älteste lebende Baum der Welt. Er ist 72 m hoch, sein Stamm misst im Durchmesser 6 m. Überhaupt sind Sequoien, auch Mammutbäume genannt, die langlebigsten Bäume der Erde, sie werden im Schnitt 2200 bis 3000 Jahre alt. Der größte Baum der Welt ist der *General Sherman* im *Sequoia National Park* in Kalifornien. Der Stamm misst 11 m im Durchmesser, er ist 83 m hoch und schätzungsweise 2200 Jahre alt. Aus seinem Holz könnte man 600.000 Würfel, mindestens 115 Häuser, 5 Milliarden Streichhölzer und so viele Zahnstocher fertigen, wie es Menschen auf Erden gibt. Mit 1400 Tonnen Gewicht wiegt er gleichviel wie 25 Panzer, damit ist er auch der schwerste auf Erden lebende Organismus.
Der australische ***Eukalyptus*** schlug jeden Höhenrekord. Er wurde etwa 140 m hoch! Schade, dass man heute keine Kenntnis mehr von derartigen Exemplaren hat. Derzeit ist der höchste Baum der *Mendocino Tree*, eine amerikanische Sequoia, die mit 117 m Höhe der Freiheitsstatue Konkurrenz macht …

WISSENSWERTES

Den dicksten Stamm hat mit 10 bis 40 m Durchmesser der afrikanische ***Baobab*** oder ***Affenbrotbaum***, der eine enorme, bis zu 80 m hohe schirmförmige Krone entwickelt.

Der riesige Stamm einer uralten Sequoia

Der *Mendocino Tree* ragt höher in den Himmel als die Fackel der Freiheitsstatue …

Ginkgo biloba

Wasserhyazinthe

Affenbrotbaum

Sequoia

Mörderische Pflanzen

Die Blätter der Brennnessel **Urtica ulmacea** *aus Neuseeland enthalten so starke Giftstoffe, dass sie viele Tiere, sogar Hunde und Pferde, rein durch Berührung töten kann. Neben der* **Segge**, *einer Sauergrasart, die rund 52 Arten von Pflanzkulturen geradezu überwuchern kann, ist die am stärksten wuchernde Pflanze die* **Wasserhyazinthe**. *Sie vermehrt sich so rasch, dass sie in kürzester Zeit ganze Flussabschnitte oder die gesamte Oberfläche von Teichen bedecken kann, oft behindert sie dabei sogar die Schifffahrt. Die* **Würgefeige**, *eine Parasitenpflanze im tropischen Regenwald, kann sich nach und nach so um die Wirtspflanze schlingen, dass sie gleichsam erstickt wird und abstirbt, um sich dann an ihrem hohlen Stamm in die Höhe zu ranken.*

Bäume und Stämme

Heute gibt es noch ein Exemplar der ***Montezuma-Zypresse***, die 40 m hoch ist und deren Stamm stolze 36 m Umfang misst. Die ***Banyan-Feige*** oder ***Ficus benghalensis*** (siehe Illustration) ist in tropischen Ländern verbreitet und wird rund 30 m hoch, ist aber zweifellos der ausladendste Baum der Welt: Von seinen Ästen fallen zahlreiche Luftwurzeln auf die Erde, wo sie sich zu richtigen Stämmen auswachsen, die die immer breiter werdende Krone des Baumes stützt und ihn damit befähigt, eine enorme Fläche einzunehmen. Im botanischen Garten von Kalkutta in Indien steht die größte Banyan-Feige der Welt, mit rund 1000 Stämmen bedeckt sie eine Fläche von 16.000 m^2, ein Gebiet, auf dem man gut 4000 Autos parken könnte. Der Baum mit dem kleinsten Stamm ist wahrscheinlich die ***Kanadische Weißzeder***, mit nur etwa 10 cm Höhe kann sie doch rund 150 Jahre leben. Diesen Rekord könnte höchstens die ***Weißweide*** in den kalten Klimazonen unseres Planeten schlagen, ihre winzigen Dimensionen befähigen sie zum Überleben unter arktischen Bedingungen.

Mimose

Zart und wehrhaft

Wenn sich Pflanzen wie **Kaktus** *oder* **Akazie** *mit spitzen Stacheln oder brennenden Blättern Feinde vom Leib halten, so ist die* **Mimose** *sicherlich die »empfindsamste« unter allen. Wenn sie berührt wird oder sich ein Insekt auf ihre Blätter setzt, schließen sich diese, während sich die Äste zur Erde krümmen, um den unerwünschten Gast nur möglichst schnell loszuwerden. Heute schätzt man, dass etwa 25.000 bis 40.000 Pflanzenarten vom Aussterben bedroht sind. Jedes Jahr registrieren Botaniker das Verschwinden von rund 400 Spezies, die Abholzung der Wälder des Planeten schreitet fünfmal schneller voran als man für ihre Wiederaufforstung benötigen würde.*

WISSENSWERTES

Die kleinsten Pflanzen sind die ***brasilianische Sumpfwasserlinse*** und die ***australische Wasserlinse***. Ihre Blüten sind nur ein Viertel Millimeter groß – kleiner als ein Salz- oder Sandkorn, wiegen sie nur 70 Mikrogramm.

Akazie

Blätter

Agavenblätter

Agavenblüte

Die Blätter der ***Rafia***, einer Palme aus Madagaskar, sind die längsten der Welt: Sie können 20 m Gesamtlänge erreichen, der Stiel ist dabei rund 4 m lang. Dicht auf den Fersen ist ihr die ***Bambuspalme*** aus Amazonien, deren Blätter ähnlich rekordverdächtige Maße aufweisen. Die Blätter der ***Agave*** werden zwar nur gut 2 m lang, doch dafür stehen die Blüten bis zu 10 m hoch.

Wurzeln

Die tiefsten Wurzeln der Welt besitzt der ***Ficus selvaticus Transvaal*** aus Südafrika, sie senken sich 120 m in den Boden. Die längsten besitzt der ***Roggen***, er kann unglaubliche 620 km Wurzeln in nur 5 cm^3 Boden entwickeln. Die ***Mangrove*** wächst in tropischen Feuchtgebieten und im Brackwasser an den Mündungen großer Flüsse. Ihre Wurzeln bilden ein starkes, palisadenartiges Netz, mit denen der Baum fest im sumpfigen Boden verankert wird.

WISSENSWERTES

Rekordverdächtige Rinden gibt es auch: Eine 212 Jahre alte ***Korkeiche*** in Portugal lieferte bei einer einzigen Ernte das Material für 100.000 Flaschenkorken (siehe Illustration).

Mangrovenwurzeln

Papyrus

Wasserpflanzen

Der ***Papyrus*** ist die höchste Wasserpflanze, sie kann 5 m hoch werden. Die größte ist die Riesenseerose ***Victoria amazonica***. Sie wächst in den tropischen Regenwäldern, ihre Blätter können über 2 m Durchmesser erreichen. Die kleinste Wasserpflanze ist die ***Wasserlinse***, sie wird nur wenige Millimeter groß.

Graspflanzen

Es gibt mindestens 7500 Arten von ***Graspflanzen***, deren Stamm nicht verholzt. Sie sind in allen Regionen der Erde verbreitet. Die größte Graspflanze der Welt ist die ***Riesenambrosie*** aus dem Kaukasus, die über 3,65 m hoch werden und Blätter bis zu 90 cm Länge entwickeln kann.

Wasserlinsen

Victoria Regia

Blüten

Blütenstand der Birke

Die ***Magnolie*** (siehe Illustration rechte Seite) gehört zu den ältesten Blütenpflanzen, sie existiert bereits seit 90 Millionen Jahren, das sind etwa 25 Millionen Jahre vor dem Erscheinen der Dinosaurier.
Die ***Sonnenblume*** sieht aus wie eine einzige große Blüte, dabei besteht sie jedoch aus unzähligen kleinen Einzelblüten. Wie bei allen Korbblütlern haben die Randblüten große Blütenblätter. Der Durchmesser einer einzigen Sonnenblume kann bis zu 80 cm betragen. Einen absolut speziellen Rekord hält die ***Riesenbromelie***, eine seltene Pflanze aus Südamerika. Sie ist die größte des Planeten und produziert bei ihrer einzigen Blüte während ihrer 80- bis 150-jährigen Lebensdauer mindestens 8000 schneeweiße Blüten. Eine lange Lebensdauer hat auch die ***Moschusrose***, bis sie zum ersten Mal blüht, können bis zu 10 Jahre vergehen. Die am stärksten duftende Blüte – wenn man in diesem Fall von Duft sprechen kann – ist die des ***Amorphophallus titanum*** oder ***Titanenwurz*** (siehe Zeichnung unten). Die Knospe wird über 2 m hoch, während der Blütezeit verströmt sie einen im Umkreis von 800 m wahrnehmbaren Geruch nach verwesendem Fleisch …

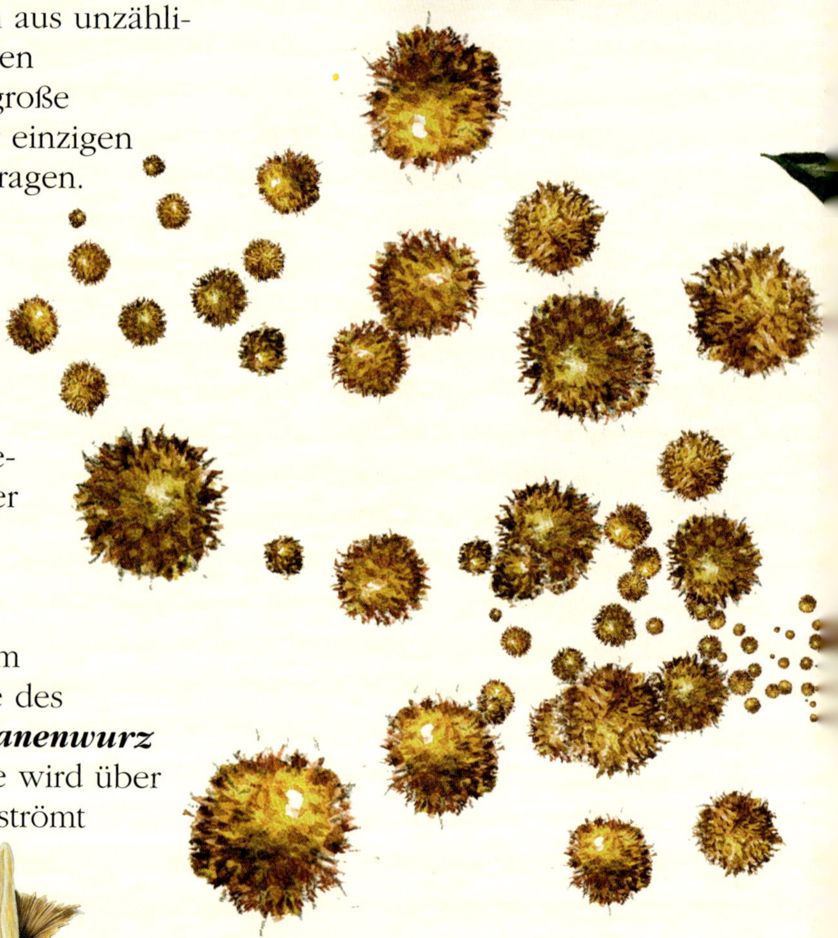

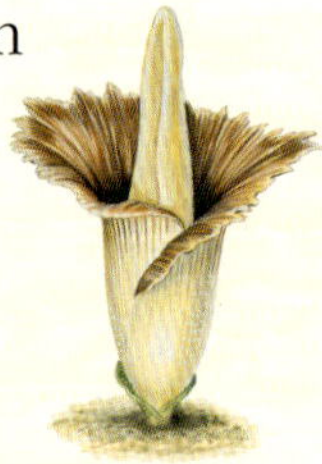

WISSENSWERTES

Die größte Blume der Welt ist die ***Rafflesia arnoldii*** oder ***Riesenrafflesie***, die im tropischen Regenwald gedeiht. Ohne Stängel und Blätter kann die Blüte einen Durchmesser von 1 m und 7 bis 10 kg Gewicht erreichen.

Sonnenblumen

Baumwolle

Ein fruchtbarer Bausch

Ein ***Baumwollbausch*** von der Größe eines Golfballs kann bis zu 500.000 Fasern, jede davon mit einem Samenkorn bestückt, enthalten.

Pollen

Die Blüten der Pflanzen haben eine wichtige Aufgabe für die Fortpflanzung zu erfüllen, sie erzeugen die Samen, aus denen schließlich neue Pflanzen entstehen. Die größten Pollenkörner, die von den männlichen Fortpflanzungsorganen, den Staubgefäßen, produziert werden, sind nur 0,2 mm groß, weniger als eine Nadelspitze. Ein einziger Blütenstand der **Birke** *kann bis zu 5,5 Millionen Pollenkörner produzieren.*

Frucht und Samen

Kokosnüsse

Die Wüstennachtkerze ***Oenothera deltoides*** aus Nordamerika hat ein ausgeklügeltes System generiert, durch das sich ihre Samen über kilometerlange Strecken durch die Sanddünen auf der Suche nach den idealen Bedingungen zum Keimen fortbewegen können. Das tropische Schlinggewächs ***Alsomitra*** gedeiht in den asiatischen Regenwäldern. Die Samen sind mit einem Flügel ausgestattet, der gut 15 cm lang ist. Damit können sie weite Strecken im Gleitflug zurücklegen, bis sie den idealen Boden gefunden haben. Die Früchte des ***Ficus sycomorus*** haben Flügel, die in der Luft wie Helikopterblätter rotieren.
Kokosnüsse wiegen bis zu 18 kg. Durch die faserige Hülle, die sie umgibt, können sie lange auf den Wellen schwimmen und bis zu 10 Jahre später an fernen Stränden keimen.
Die ***Epiphyten*** produzieren mikroskopisch kleine Samen, rund tausend davon zusammen wiegen kaum ein Gramm. Was die längsten Blütenblätter betrifft, ist die ***Orchidee Jacob's Ladder*** unschlagbar: sie erreichen 90 cm Länge! Der ***Kürbis*** wiederum produziert Früchte in Rekordgröße von über 600 kg Gewicht!

WISSENSWERTES

Den größten Einzelsamen der Welt besitzt die Seychellenpalme ***Lodoicea seychellarum***: Ihre herzförmigen Nüsse sind mitunter bis zu 30 kg schwer und brauchen bis zu 6 Jahre um zu reifen!

Ficus sycomorus

Der Brotbaum

Der Brotbaum ***(Artocarpus communis)*** gedeiht in Südostasien und erzeugt die größten Früchte der Welt, sie wiegen mit 30 kg ebenso viel wie ein 6- bis 7-jähriges Kind …
Die Frucht des ***Baobab*** oder Affenbrotbaums ist ebenfalls recht ungewöhnlich, sie ist gut 30 cm lang, gurkenartig geformt und hängt an einem seilartigen Stiel vom Baum.

Brotbaum und Brotfrucht

Pflanzen der Wüste

Der ***Saguaro-Kaktus*** in der Wüste von Arizona in den USA und in Mexiko erreicht bis zu 15 m Höhe, seine Stacheln werden 7 cm lang und er kann während seiner Lebensdauer von bis zu 200 Jahren ein Gewicht von 8 bis 9 Tonnen erreichen. Wenn es regnet, speichert er in seinem Stamm so viel Wasser, dass er um die Hälfte größer wird. Mit dem in ihm enthaltenen Wasser könnte man 100 Badewannen füllen. In der Wüste Australiens findet man die auffälligste Wüstenpflanze, ***Clianthus formosus***, eine Kletterpflanze mit leuchtend roten Blüten. Äußerst diskret nehmen sich dagegen die Blüten der Gattung ***Lithops***, auch Lebende Steine genannt, aus: Sie entwickeln sich unterirdisch und zeigen an der Oberfläche nur zwei rundlich geformte Blätter, die erst auf den zweiten Blick von Steinen zu unterscheiden sind.

Knollenblätterpilz

Clianthus

Lithops

PILZE

Der größte Pilz der Welt ist der **Riesenbovist**, *der einem riesigen Basketball gleicht. Er kann bis zu 1 m Durchmesser und an die 18 kg Gewicht erreichen. Der älteste und am weitesten verzweigte Pilz der Welt ist ein Hallimasch,* **Armillaria ostoyae**, *der sich im Waldboden eines Gehölzes im Bundesstaat Washington erstreckt. Er ist 2400 Jahre alt und nimmt 890 Hektar ein, das entspricht einer Fläche von etwa 1200 Fußballfeldern. Auf den Philippinen wachsen Pilze, die ein grünliches Licht aussenden, das bis zu 30 m weit zu sehen ist. Ungefähr so fern sollte man sich unbedingt auch vom giftigsten Pilz halten, dem Knollenblätterpilz* **Amanita phalloides**, *50 g davon genügen, um einen Menschen zu töten.*

FARNE, ALGEN UND FLECHTEN

Ungefähr 70% des für das Leben auf unserem Planeten unverzichtbaren Sauerstoffs produzieren **Algen**. *Die längste Alge der Welt ist* **Macrocystis pyrifera**, *die im Pazifik etwa 45 cm am Tag wächst und bis zu 60 m lang werden kann.* **Flechten** *sind äußerst widerstandsfähige Organismen, die selbst unter den widrigsten Bedingungen wie sehr hohen oder sehr niedrigen Temperaturen überleben können. Einige in der Antarktis verbreitete Spezies überleben sogar Temperaturen von –20 °C.* **Baumfarne** *sind riesige Pflanzen, die in tropischen Regionen eine Höhe von 20 m erreichen können.*

Flechten

Flechten

Welwitschia

Baumfarn

WISSENSWERTES

In der Wüste Namib in Afrika gedeiht die ***Welwitschia***, eine kuriose Pflanze, die bis zu 2000 Jahre alt werden kann. Sie besitzt lediglich zwei bis zu 3 m lange, bandförmige Blätter, die jedoch im Laufe der Jahre vom Wind zerfranst werden.

RECORDNEWS

PFLANZEN *und* BÄUME

Angriff der Motorsägen

Mahagoni, ein einst bei Kunsttischlern äußerst beliebtes Edelholz, ist mittlerweile so selten geworden, dass man den Regenwald Amazoniens im Helikopter überfliegen muss, um die wenigen verbleibenden Exemplare aufzuspüren. Kaum ist der begehrte Baum gesichtet, zieht auch schon ein Holzfällertrupp los, der fest entschlossen ist, für 30 Dollar pro Stamm (gegen etwa 80.000 Dollar Handelswert) Quadratkilometer um Quadratkilometer wertvollen Regenwaldes abzuholzen, wenn nur einer der begehrten Bäume dabei ist.

Der Regenwald unseres Planeten ist in einem kritischen Zustand. Derzeit sind lediglich 3870 Millionen Hektar noch nicht der Zerstörung anheim gefallen, die bereits die alarmierende Quote von 80% erreicht hat. Wiederholt warnen Botaniker und Wissenschaftler, dass die grüne Lunge des Planeten innerhalb der nächsten 50 Jahre zu verschwinden droht. Alle zwei Sekunden wird auf der Welt Urwald in der Größe eines Fußballfeldes gerodet, das sind 140.000 km^2 jedes Jahr. So sind mittlerweile in Brasilien 58% der Urwälder verschwunden (in den letzten 30 Jahren verschwand eine Fläche in der Größe von Frankreich, 55 Millionen Hektar), in Indonesien wurden 70% der Wälder illegal abgeholzt und exportiert, in Zentralafrika und im Kongobecken sind zwei Drittel des ursprünglichen tropischen Regenwaldes verschwunden, und die Nutzungskonzessionen an einige westliche Gesellschaften haben in keinster Weise dazu beigetragen, den Reichtum im Land zu fördern, es ist und bleibt eine der ärmsten Regionen Afrikas. Auch in Russland haben sich 15.000 Hektar Nadelwälder in Nichts aufgelöst, in den Vereinigten Staaten sind 94% der ursprünglichen Bewaldung verschwunden, und in Kanada wird versucht, die verbliebenen 400 Millionen Hektar zusammen mit der Holzindustrie zu erhalten.

In einem großen Teil Südamerikas machen die Notwendigkeit, immer mehr Weideland für die wachsenden Rinderherden zur Verfügung zu stellen, die intensive Landwirtschaft mit Monokulturen und die Tatsache, dass für Millionen von Menschen, die unter der Armutsgrenze leben, Brennholz die einzig erschwingliche Energiequelle ist, jeder Initiative zur Erhaltung der Urwälder das Leben schwer. Doch wenn diese Wälder verschwinden, bedroht dies auch zahlreiche Tiere, die darin leben: Leoparden, Bären, Moschushirsche, sibirische Tiger, Orang-Utans und eine Vielzahl von farbenfrohen Vogelarten.

REKORDE *der* KATASTROPHEN

Erdbeben

Es ist schwierig, die Gesamtzahl der Opfer zu eruieren, die die über 160 katastrophalen Erdbeben forderten, von denen wir seit Beginn der Aufzeichnungen Kenntnis haben: Millionen Menschen wurden getötet oder sind seither verschollen, davon 1,5 Millionen allein in den letzten 100 Jahren. Das tragischste Ereignis aller Zeiten war wahrscheinlich jenes am 2. Februar 1556 in der Provinz ***Shanshi*** in China, als ein Erdbeben weltuntergangsähnlichen Ausmaßes in wenigen Sekunden mindestens 820.000 Menschenleben forderte. Furcht und Schrecken müssen auch die Beben hervorgerufen haben, die am 20. Mai 526 in ***Antiochia*** in Syrien und am 11. Oktober 1737 in Kalkutta in Indien die Erde erschüttert haben. Den Aufzeichnungen zufolge müssen dabei 250.000 bis 300.000 Menschen zu Tode gekommen sein. In unmittelbarer Vergangenheit haben Erdstöße am 28. Juli 1976 in der chinesischen Provinz ***Tangshan*** ganze Wohnviertel dem Erdboden gleichgemacht und ein Viertel der Bevölkerung der Region ausgelöscht: Es gab 242.000 Tote. Mit über 6400 Todesopfern unter den Trümmern der rund 100.000 zerstörten oder beschädigten Gebäude war das Erdebeben vom Januar 1995 in ***Kobe*** in Japan jenes,

Rettungsleute bei den Arbeiten nach dem Erdbeben von Messina 1908

Heftige Explosionen durch den Bruch von Gasleitungen und Brände begleiten gewöhnlich die stärksten Erdbeben

WISSENSWERTES

Jedes Jahr gibt es auf der Erde rund 800 größere Beben, doch jeden Tag werden etwa 8000 Erdstöße geringeren Ausmaßes registriert, die in der Regel keinerlei Schäden verursachen. Das längste jemals aufgezeichnete Erdbeben dauerte 1964 in ***Alaska*** 4 Minuten.

das wahrscheinlich den höchsten Sachschaden angerichtet hat: über 100 Milliarden Dollar. Sowohl in ***China*** als auch in ***Japan***, im ***Iran***, in ***Indien*** und in der ***Türkei*** haben Erdbeben im Laufe der Jahrhunderte einen hohen Blutzoll gefordert, aus ***Italien*** sind erschütternde Berichte von katastrophalen Erdbeben aus ***Belice***, dem ***Friaul***, in der ***Irpinia, Umbrien*** und den ***Marken*** bekannt, wobei die schlimmste Katastrophe wohl das Erdbeben in ***Messina*** am 28. Dezember 1908 gewesen ist, bei dem 160.000 Tote zu beklagen waren.

Zwei Bilder der verheerenden Schäden, die ein Erdbeben 1980 in den Dörfern der Irpinia in der Region Kampanien angerichtet hatte

Vulkanausbrüche

Es gibt einige Vulkanausbrüche, die die Fantasie der Menschen mehr beschäftigen als andere, wie zum Beispiel die Eruption, die im 2. Jahrtausend v. Chr. die Insel ***Santorin*** verwüstet und die minoische Zivilisation ausgelöscht hat, oder der noch bekanntere Ausbruch des Vesuv, der am 24. August 79 die römischen Städte ***Herkulaneum*** und ***Pompeji*** unter einer dicken Schicht aus Lava, Ruß und Asche begraben hat. Doch das muss nicht heißen, dass das auch die katastrophalsten waren. Die gewaltigste vulkanische Explosion, die jemals registriert wurde, war die des ***Krakatau*** auf der gleichnamigen Insel im Archipel von Indonesien am 26./27. August 1883, sie war noch in einer Entfernung von 4000 km zu hören. Die katastrophalste dagegen war sicherlich die des ***Tambora*** (siehe Illustration) in ***Sumbawa***, ebenfalls in Indonesien, das überhaupt das am meisten von Vulkanausbrüchen heimgesuchte Land der Erde ist: Zwischen dem 5. und dem 12. April 1815 wurden 92.000 Todesopfer verzeichnet, das Klima in der Zone war auf Jahre hinaus verändert und der Himmel erstrahlte in irrealen Farben …

Ein Lavastrom ergießt sich über die Hänge des Ätna

Der Ausbruch des Mount Saint Helens forderte nicht nur 57 Todesopfer, sondern führte auch zu einem Felssturz, bei der eine ganze Bergflanke einbrach

Apokalyptische Folgeerscheinungen

Die Vulkanausbrüche mit den spektakulärsten apokalyptischen Folgeerscheinungen im vergangenen Jahrhundert waren der Ausbruch des **Mount Pelée** *auf der Karibikinsel Martinique, bei dem am 8. Mai 1902 ganze Dörfer mitsamt der Hauptstadt Saint-Pierre und ihren 34.000 Einwohnern in eine dichte Wolke aus weißem Gas gehüllt waren, sowie jener des kolumbianischen Vulkans* **Nevado del Ruiz** *am 13. November 1985, der das Schmelzen eines Gletschers auslöste, wodurch sich eine Lawine aus Wasser und Schlamm über die Dörfer an seinen Flanken ergoss und 25.000 Menschen unter sich begrub.*

Wissenswertes

Der schlimmste Vulkanausbruch in Italien war der des ***Ätna*** am 11. März 1669, der die Stadt Catania zerstörte und 20.000 Menschenleben forderte.

Hurrikane

Zwischen dem 26. Oktober und dem 4. November 1998 tobte der Hurrikan ***Mitch*** in Mittelamerika (Honduras, Nikaragua, Guatemala, El Salvador), forderte 11.000 Todesopfer und zerstörte 96.700 Wohnhäuser, deckte Millionen Dächer ab, verwüstete Pflanzungen und verursachte einen Schaden von insgesamt 3 Milliarden Dollar, zudem hatten die Überlebenden im Anschluss mit einer der schlimmsten Cholera-Epidemien der Neuzeit zu kämpfen. Die letzte Tragödie ähnlichen Ausmaßes hatte sich am 7. Oktober 1737 im ***Bengalischen Golf*** in Indien ereignet, damals starben 300.000 Menschen.
In jüngerer Vergangenheit haben mindestens zwei weitere Hurrikane in den Chroniken Spuren der Verwüstung hinterlassen. Jener von ***Galveston*** im Spätsommer 1900 hat das gleichnamige Städtchen in Texas, USA, dem Erdboden gleichgemacht, und der Hurrikan ***Fifi*** verbreitete am 19. und 20. September 1974 in Honduras Angst und Schrecken. Bei beiden Katastrophen waren rund 8000 Todesopfer zu beklagen.

Satellitenaufnahme eines Zyklons

Zyklone

Was die Häufigkeit von Zyklonen betrifft, steht ***Bangladesch*** sicherlich an der Spitze der Weltrangliste. Allein im Laufe des letzten Jahrhunderts (1963, 1965, 1970, 1977, 1991, 1993 und 1998) suchten die katastrophalen Stürme das Land heim und forderten insgesamt rund eine Million Menschenleben. Auch ***Indien*** weist eine ähnliche Bilanz auf, dort kommt als erschwerender Faktor die Armut zu den meteorologischen Unregelmäßigkeiten und verschärft die dramatischen Auswirkungen.

Ein Hurrikan verwüstete die Gegend von New Haven, USA

Zyklon auf Madagaskar

Taifune, Windhosen und der Monsun

Doch der indische Subkontinent hält nicht nur einen traurigen Rekord in Bezug auf die Opfer von Zyklonen, auch Windhosen, die das Gebiet immer wieder heimsuchen, fordern einen hohen Blutzoll.

In ***Bangladesch*** gingen allein seit den 60er-Jahren des 20. Jahrhunderts bis heute 100.000 Menschenleben und Sachschäden in unermesslicher Höhe auf das Konto derartiger Naturkatastrophen.

Die saisonbedingten Monsunregen können sich ebenfalls dramatisch auswirken, am 15. September 1992 starben in ***Pakistan*** 1600 Menschen.

Japan, die ***Philippinen*** und ***Hongkong*** werden regelmäßig von Taifunen katastrophalen Ausmaßes heimgesucht.

Die schlimmste derartige Katastrophe verzeichnete man im Jahr 1881, als in der Gegend von ***Haipong*** in ***Indochina*** mindestens 300.000 Menschen den gewaltigen Windstößen zum Opfer fielen.

Ein Wirbelsturm aus gefrorenen Flocken

Auf das Konto der **Schneestürme**, die während des gesamten Monats Februar im Jahre 1956 in Westeuropa tobten, gehen rund 1000 Todesfälle.
Die schlimmsten ***Hagelstürme***, die je auf Erden verzeichnet wurden, ereigneten sich zwischen dem 6. und dem 14. Januar 1998 in einem großen Gebiet an der Grenze zwischen den USA und Kanada. Flughäfen wurden geschlossen, Straßen gesperrt und die Versorgung unterbrochen: Über einen Zeitraum von drei Wochen blieben immer wieder Millionen Menschen tagelang ohne Licht, Gas, Nahrungsmittel und Heizung. Der Sachschaden betrug geschätzte 650 Millionen Dollar (siehe Illustration).

Gewaltige Niederschläge

Wenn in den Tropen **sturzbachartige Regenfälle** *besonders häufig sind, so verzeichnet man auf der ganzen Welt etwa 20.000 pro Tag. Jede Sekunde gibt es in den verschiedenen Teilen der Welt etwa 2000* **Niederschläge** *in Form von Regen.* **Blitze** *zucken an die 100 pro Sekunde durch die Luft! 270 Millionen Bäume wurden von den verheerenden Stürmen, die in Frankreich am 26. und 27. Dezember 1999 tobten, entwurzelt oder umgeknickt. 87 Menschen sind in den Wassermassen, die damals stundenlang ohne Unterbrechung vom stahlgrauen Himmel fielen, umgekommen, das einzige Licht waren die Blitze, die immer wieder über den Himmel zuckten.*

Monsunregen über Myanmar

WISSENSWERTES

Das schlimmste tropische Gewitter des Jahrhunderts hat am Weihnachtstag 1996 ***Malaysia*** verwüstet und rund 100 Menschenleben gefordert.

Überschwemmungen

Immer wieder wurde China in den letzten 120 Jahren von verheerenden Flutkatastrophen heimgesucht. Die schrecklichste von allen sucht ihresgleichen in den letzten 2000 Jahren, sie war das Werk des ***Hwangho***, des legendären Gelben Flusses. Nach sintflutartigen Regenfällen erreichte er im August 1931 einen Höchststand von 29 m über seinem normalen Niveau, brach alle Dämme und trat auf einer Strecke von 5000 km Länge über die Ufer. Er überflutete riesige Landstriche sowie Städte und Dörfer, 3.700.000 Menschen fanden in seinen Fluten den Tod. Nicht lange zuvor, 1887, hatte schon einmal eine Flutkatastrophe am Hwangho zahlreiche Todesopfer gefordert, damals waren es rund 1.000.000. Und in jüngster Vergangenheit, zwischen Juli und August 1998, als man wochenlang gegen die drohende Überflutung kämpfte und überall Schutzwälle und Dämme zum Teil mit Menschenketten verstärkte, fielen demselben Fluss wieder mindestens 3000 chinesische Bauern zum Opfer. Weltweit gingen zwischen 1986 und dem Ende des Jahrtausends rund die Hälfte aller in Naturkatastrophen umgekommenen Menschen auf das Konto von Überflutungen.

Eine enorme Welle

Die größte Flutwelle war über 9 m hoch, 320 km lang und führte etwa 9 Millionen Liter Wasser pro Sekunde. Diese Riesen-Flutwelle forderte am 18. August 1993 in der Bucht von ***Hangzhou*** in China mindestens 100 Menschenleben.

Tsunami

***Tsunami** nennt man eine riesenhafte Welle, die sich aufgrund von Seebeben bildet. Die katastrophalsten Auswirkungen hatte jene, die 1755 die Küsten von **Marokko** und der **Iberischen Halbinsel** heimsuchte und **Lissabon** verwüstete. Eine andere solche Katastrophe ereignete sich nach der Explosion des **Vulkans Krakatau** 1883 und zerstörte auf den indonesischen Inseln **Java** und **Sumatra** 165 Dörfer, mindestens 36.000 Menschen kamen dabei ums Leben. 1896 rollte eine Welle von der Höhe eines Wolkenkratzers auf die Westküste **Japans** zu und löschte dort 27.000 Menschenleben aus.*

Der Begriff Tsunami setzt sich aus den zwei japanischen Worten »tsu« für Hafen und »nami« für Welle zusammen

WISSENSWERTES

Die ***Sintflut*** ist sicherlich die bekannteste Flutkatastrophe der Menschheitsgeschichte und wird in den heiligen Schriften mehrerer Völker erwähnt. Sintflutartige Regenfälle waren es auch, die am 20. September 1939 über ***Nordchina*** hereinbrachen und 200.000 Menschen das Leben kosteten.

Feuersbrünste

Zahlreich sind in der Geschichte der Menschheit auch die Feuersbrünste, die im Laufe der Jahrhunderte Städte, Dörfer, Wälder, heilige Stätten, Denkmäler, Kunstwerke, öffentliche Gebäude und Naturschönheiten zerstört haben.

Eine der berühmtesten Geschichten ist jene des Kaisers ***Nero***, der im Jahre 64 in der Ewigen Stadt Feuer legen ließ und sie damit fast zur Gänze zerstörte. Um das Ausmaß dieser Katastrophe zu erfassen, muss man in Betracht ziehen, dass ***Rom*** zu dieser Zeit bereits eine Metropole mit rund einer Million Einwohnern war, der Durchmesser des Befestigungsrings betrug gut 20 km. 1670 Menschen starben, als am 25. Mai 1845 das ***Theater von Kanton*** in ***China*** ein Raub der Flammen wurde. Eine ähnliche Tragödie trug sich am 18. Dezember 1881 im Herzen Europas zu, 850 Menschen kamen beim Brand des ***Theaters am Ring*** in ***Wien*** um.

FEUER UND FLAMME

Im 20. Jahrhundert waren die Brände, die die größten Sachschäden verursachten, jene der letzten Jahrzehnte. 1983 wurde ein großer Teil der Südküste **Australiens** *von einem Brand verwüstet. 1988 führte eine verheerende Brandserie, die von trockener Luft und wiederholten Blitzeinschlägen gefördert wurde, zur Zerstörung von 320.000 Hektar Wald im* **Yellowstone-Nationalpark** *in den USA. Kaum unter Kontrolle zu bringen war auch die riesige Feuersbrunst, die im Sommer 1998 mit ihren Rauchwolken den Himmel über* **Indonesien** *verdunkelte. Monatelang hing der Rauch in der Luft und verursachte Gesundheitsschäden unter der Bevölkerung mehrerer Länder, während man in den Wäldern von* **Sumatra** *und* **Kalimantan** *auf* **Borneo** *verzweifelt versuchte, die zahlreichen Brandherde zu löschen. Das betroffene Gebiet erstreckte sich über eine Fläche, die größer war als ganz Europa.*
Die Sicht in der vom Rauch erzeugten Nebelzone war so schlecht, dass Schiffe auf Grund liefen oder kollidierten und ein Flugzeug über Sumatra abstürzte, wobei 200 Personen zu Tode kamen.

Hilflose Opfer

Besonders hoch ist der Blutzoll der Brände immer dann, wenn hilflose oder vom Feuer eingeschlossene Menschen wie Bergarbeiter, Kinder, behinderte und alte Menschen, Schüler, Kranke oder Häftlinge im Spiel sind. 300 Tote gab es bei einem Brand am 28. Oktober 1995 in der U-Bahn von ***Baku*** in ***Aserbeidschan***, 400 beim Brand der Volksschule von ***Dabwali*** in ***Indien*** am 23. Dezember 1995 und 350 bei einem Brand in der Zeltstadt der muslimischen Pilger in ***Mina***, vor den Toren von ***Mekka***, in ***Saudi-Arabien***.

Satellitenaufnahme des großflächigen Waldbrandes in Australien 1983

Explosionen

Die Explosion im ***Arsenal*** von ***Lou Chou*** in China am 26. Oktober 1935 war zweifellos die größte und blutigste von allen, die bisher verzeichnet wurden: Es gab über 2000 Tote. Tragisch war auch die ***Kollision der beiden Schiffe Imo*** und ***Mont Blanc*** im Hafen von Halifax in Kanada am 6. Dezember 1917. Die Mont Blanc hatte mehr als 5000 Tonnen Sprengstoff geladen, bei der Explosion kamen 1635 Menschen ums Leben. Der Widerhall der Katastrophe war in einem Umkreis von 100 km zu hören.

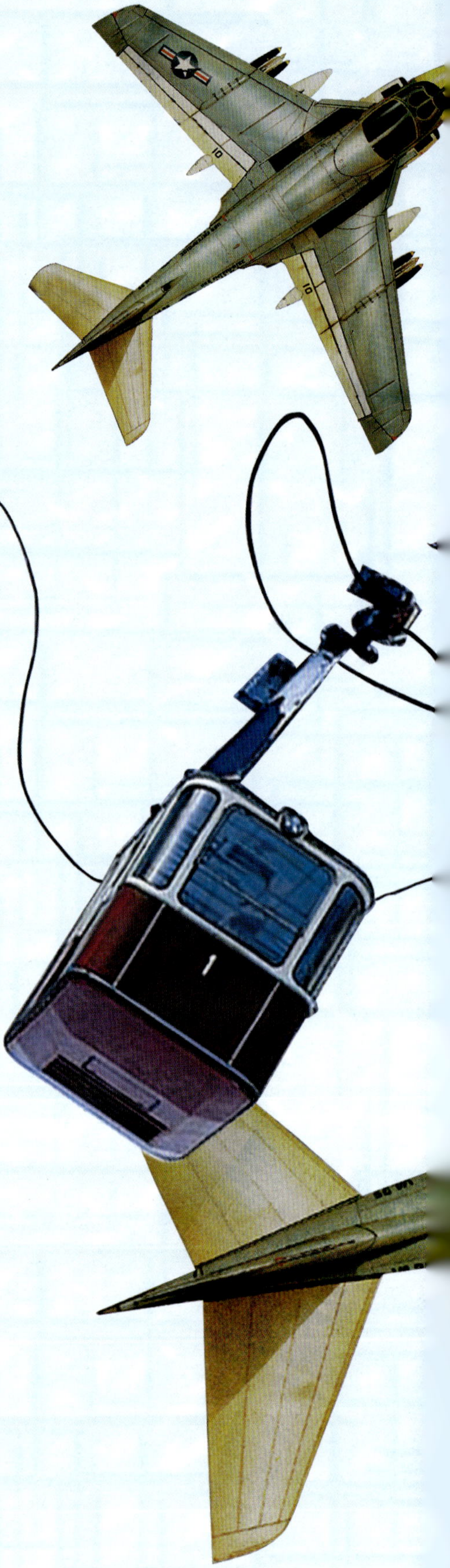

Bergwerkskatastrophen

Die zwei schlimmsten Unfälle unter Tag, die offiziell dokumentiert sind, ereigneten sich in ***China***. Die Opferbilanz der beiden Bergwerkskatastrophen von ***Fu Shun*** in der ***Mandschurei*** am 12. Februar 1931 und ***Hinkeiko*** am 26. April 1942 ist dramatisch: 3000 bzw. 1449 Bergarbeiter kamen in den Stollen ums Leben. Aus Quellen des sowjetischen Geheimdienstes weiß man jedoch von einer Explosion in einer Uranmine in ***Johanngeorgenstadt*** im ehemaligen ***Ostdeutschland***, die sogar 3700 Todesopfer gefordert haben soll! Verheerender hätte sich auch ein starkes Erdbeben nicht auswirken können. Der Materiallift in der südafrikanischen Goldmine von ***Vaal Reefs*** stürzte am 11. Mai 1995 ganze 490 m in die Tiefe und tötetet dabei 105 Bergarbeiter: Das war der schlimmste Unfall mit einem Lift in der Geschichte!

Am Drahtseil hängen …

Aufgrund eines Kabelbruchs war bereits am 9. März 1976 eine Gondel in ***Cavalese*** im Val di Fiemme abgestürzt, keiner der 42 Passagiere überlebte das Unglück.

Industrieunfälle

Der schlimmste jemals in einer Industrieanlage dokumentierte Unfall war jener, den die Explosion eines Tanks der Union Carbide in **Bhopal** *in* **Indien** *am 3. Dezember 1984 ausgelöst hatte: Das austretende Giftgas tötete 6300 Menschen, tausende trugen bleibende Schäden davon.*

Die Tragödie von Cermis

Es ist kurz nach 15 Uhr am 3. Februar 1998. Die Sonne streift bereits die Berggipfel des Val di Fiemme, als vier Piloten der US-Marines an Bord zweier amerikanischer EA-6B Jagdflugzeuge am Vortag ihres Heimfluges von einer mehrmonatigen Trainingsausbildung in Bosnien mit dem Heckflügel eines Flugzeugs das Stahlseil der Gondelbahn, die Cavalese mit der Alpe di Cermis verbindet (siehe Illustration), glatt durchschneiden. Beim Absturz der Gondel kommen 20 Menschen ums Leben. Die Piloten benutzten amerikanische Karten, auf denen kaum die höchsten Berggipfel angegeben waren, und führten in den Tälern akrobatische Kunststücke à la Top Gun aus. Die tiefe Flughöhe kostete die Menschen in der Gondel das Leben, und die beiden Piloten erhielten dafür … einen Freispruch. Das ist sicherlich der niedrigste Wert, der einem Menschenleben je beigemessen wurde, auch ein Rekord.

Die Anlagen der Union Carbide in Bhopal, Indien

Schiffskatastrophen

Die tragischste Schiffskatastrophe der Vergangenheit war sicherlich der Untergang der spanischen Kriegsflotte, der legendären, unbesiegbaren ***Armada***, mit der Philipp II. England angreifen wollte, im Oktober 1588 im Ärmelkanal. Tagelang tobte ein schwerer Sturm, und die Flotte war von den Schiffen des Admirals F. Drake eingeschlossen.
Sie ging mit mehr als 4000 Menschen an Bord unter (siehe Illustration).
In jüngerer Vergangenheit, am 30. Januar 1945, starben 7700 Menschen, als das deutsche Flüchtlingsschiff ***Wilhelm Gustloff*** kurz nach Verlassen des Hafens von Gdingen von einem sowjetischen U-Boot angegriffen und versenkt wurde.
Im November 1947 sank ein ***chinesisches Frachtschiff*** mit nationalistischen Truppen an Bord und Kurs auf die Mandschurei nach einer Explosion mitsamt der Besatzung von 6000 Mann. Katastrophen ähnlichen Ausmaßes ereigneten sich mehrmals im Laufe des Zweiten Weltkriegs, als große deutsche, japanische und englische Kriegsschiffe ***torpediert*** wurden.

WISSENSWERTES

Der Untergang des großen Kreuzfahrtschiffes ***Titanic***, das am 15. April 1912 auf seiner Jungfernfahrt im nördlichen Atlantik mit einem Eisberg kollidierte und sank, wobei 1517 Menschen ums Leben kamen, ist zwar sehr bekannt und beschäftigt die Fantasie der Menschen immer wieder, zählt aber nicht einmal zu den zehn schlimmsten Schiffskatastrophen des 20. Jahrhunderts.

Schiffskatastrophen mit Folgen

Ähnliches kann man vom Untergang des Öltankers **Exxon Valdez** *am 24. Mai 1989 vor der Küste von Alaska sagen. Es liefen zwar über 35.000 Tonnen Erdöl aus und 2400 km Küste wurden verschmutzt, die Schäden für das Ökosystem waren enorm. Doch das war noch gar nichts gegen die Katastrophe, als der Tanker* **Atlantic Empress** *am 19. Juli 1979 vor Trinidad mit dem Frachtschiff* **Aegean Captain** *kollidierte und 300.000 Tonnen Rohöl ins Meer liefen.*

Die Schaluppen der *Titanic* (siehe Foto unten) bringen die Überlebenden in Sicherheit

Schiffskatastrophen

Am 7. Juni 1944 kam es vor der Küste der Normandie zu einem Schiffsunglück, die ***Susan B. Antony*** sank, doch alle 2689 Passagiere und Besatzungsmitglieder konnten gerettet werden. Mit der größten Anzahl an Überlebenden stellt dies einen glücklichen Rekord dar. Doch was ist aus den Menschen an Bord der ***Mary Celeste*** geworden, die am 7. November 1872 aus dem Hafen von New York mit Kurs auf Genua auslief? Wochen später trieb das Schiff vollkommen verlassen in den Wassern des Atlantiks, von der Besatzung fehlte jede Spur. Dies war zweifellos das mysteriöseste Schiffsunglück der Geschichte. Den Rekord in Bezug auf Fährenunglücke hält die ***Dona Paz***. Am 21. Dezember 1987 lief sie vom Hafen Tacloban auf den Philippinen mit Kurs auf Manila aus und wurde vom Öltanker ***Victor*** gerammt. Beide Schiffe gingen in Flammen auf und sanken binnen weniger Minuten, mit mindestens 4000 Menschen an Bord.

Katastrophen unter Wasser

Das schlimmste Unglück, in das je ein Unterseeboot verwickelt war, geschah am 18. Februar 1942 im Golf von Mexiko. Nach einer Kollision mit dem amerikanischen Handelsschiff **Thomas Lykes** *sank das französische U-Boot* **Surcouf**, *159 Marinesoldaten starben. Der Zwischenfall mit dem russischen Atom-U-Boot* **Kursk** *(siehe Illustration), das nach einer heftigen Explosion an Bord im August 1999 mit der gesamten Besatzung von 118 Mann in der Barentssee sank, hat in der ganzen Welt Aufsehen erregt, und zwar nicht nur wegen der dramatischen Ausmaße des Unglücks, sondern auch wegen der unerklärlichen Verzögerung bei den Rettungsmaßnahmen und der Ungereimtheiten seitens der russischen Behörden, die versuchten, den Vorfall zu vertuschen.*

Plattformen im Ozean

Am 6. Juli 1988 ereignete sich das bisher schlimmste Unglück auf einer ***Bohrinsel***. Ein Brand brach auf der ***Piper Alpha*** in der Nordsee aus, 167 Techniker, Ingenieure und Arbeiter kamen dabei ums Leben.

Katastrophen in der Luft

Die schlimmste Katastrophe der Geschichte der Luftfahrt ereignete sich am 27. März 1977 auf ***Teneriffa*** auf den Kanarischen Inseln. Auf der Rollbahn des Flughafens Los Rodeos stießen zwei Boeing 747 der Luftfahrtgesellschaften Pan Am und KLM zusammen, der Grund waren Nebel und fehlerhafte Instruktionen des Towers an die beiden Piloten. 583 Personen, darunter 556 Passagiere und 27 Besatzungsmitglieder, kamen dabei ums Leben (siehe Illustration).

Das tragischste Unglück mit nur einem Flugzeug geschah ein paar Jahre später, als am 12. August 1985 in ***Japan*** eine Boeing 747 der JAL auf dem Flug von Tokio nach Osaka am Mount Ogura zerschellte: 520 Todesopfer waren die Folge.

Ballone am Himmel

Die größte Anzahl an Menschenleben, die je ein Unglück mit einem ***Fesselballon*** forderte, geht auf den 13. August 1989 zurück, als zwei Fesselballone über ***Alice Springs*** in Australien in 600 m Höhe kollidierten, wobei einer von ihnen schwer beschädigt wurde und innerhalb weniger Augenblicke abstürzte: 13 Tote.

WISSENSWERTES

Der amerikanische Zeppelin ***Akron***, ein Luftschiff der US-Marine, geriet am 3. April 1933 in einen Gewittersturm und stürzte in den Atlantik. Dieses Unglück hält den tragischen Rekord an Todesopfern bei Unfällen mit diesen Luftfahrzeugen, die weniger als drei Jahrzehnte häufig im Einsatz waren: Es gab 73 Tote.

Tragödien im Raum

Auch die Raumfahrt fordert ihre Opfer. Mindestens vier sowjetische Kosmonauten starben im Laufe der Missionen. Am 24. April 1967 kreiste ***Wladimir M. Komarow*** an Bord der *Sojus* um die Erde, als ein technisches Gebrechen an der Kapsel auftrat. Beim Wiedereintritt in die Atmosphäre verhedderten sich die Seile des Bremsfallschirms in 7000 m Höhe, die *Sojus* stürzte über dem Ural ab und zerschellte. Ein ähnliches Schicksal ereilte die drei Mitglieder der Besatzung der *Sojus 9*, ***Georgi T. Dobrovolsky, Viktor I. Patsayew*** und ***Wladislaw N. Volkow***. Nach dem Andocken an die sowjetische Raumstation *Saljut* und nach 23 Tagen im All starben die drei Kosmonauten am Ende der Mission, am 29. Juni 1971, wegen eines technischen Gebrechens an der Druckanlage in der Kabine des Raumschiffs. Für ihre Rückkehr wäre bereits alles vorbereitet gewesen. Im Laufe der sowjetischen Raumfahrtprogramme gab es noch einige weitere Zwischenfälle. Bei der Explosion einer *Vostok*-Rakete während des Auftankens im *Raumfahrtzentrum von Plesetsk* am 18. März 1980 starben 50 Menschen.

Auch unter den Amerikanern forderte die Eroberung des Raums einige Opfer: 17 amerikanische Astronauten starben im Laufe der Missionen.

Am 27. Januar 1967 starben ***Roger B. Chaffee, Virgil I. Grissom***, ein Raumfahrtveteran, und ***Edward H. White*** in den Flammen eines Brandes, der aufgrund eines Kurzschlusses während des Countdown vor dem Start an Bord der *Apollo 1* ausbrach. Der Zwischenfall zwang die NASA dazu, die Bauweise der Raketen vollständig zu überdenken und das Modul, das bei den folgenden Missionen verwendet wurde, neu zu entwickeln.

Viele Jahre später kamen die sieben Mitglieder der Besatzung der Raumfähre *Challenger* auf ihrer 25. Mission am 28. Januar 1986 ums Leben, als das *Space Shuttle* vor den Augen von Millionen Fernsehzuschauern 73 Sekunden nach dem Start 14.200 m über der Raumbasis Cape Canaveral in Florida explodierte (siehe Illustration). Nach diesem tragischen Unglück wurde das Programm zwei Jahre lang eingestellt.

Am 1. Februar 2003 ereilte die 7-köpfige Besatzung der Raumfähre *Columbia* ein ähnlich tragisches Schicksal. Nach ihrem 16-tägigen Aufenthalt im All zerbrach die *Columbia* beim Wiedereintritt in die Erdatmosphäre in 60 km Höhe und stürzte ab. Alle sieben Astronauten kamen dabei ums Leben.

Geheimnisse und Lügen

Am 24. Oktober 1960 wurden der russische Feldmarschall Mistrofan Nedelin sowie weitere 165 Techniker, Militärs und Zivilisten im Raumfahrtzentrum von ***Baikonur*** in Sibirien bei der verheerenden Explosion einer Rakete während des Starts getötet. Dabei bleiben die näheren Umstände der Tragödie bis heute ungeklärt.

Muren, Felsstürze, Lawinen

Eine Lawine im Hindukusch in Asien

Am 16. Dezember 1920 hat ein von einem Erdbeben ausgelöster Felssturz in der chinesischen Provinz ***Gansu*** 180.000 Todesopfer gefordert.
43 Bergsteiger kamen in einer Lawine aus Schnee- und Eismassen am 13. Juli 1990 am ***Pik Lenin*** an der Grenze zwischen Kirgisien und Tadschikistan ums Leben, dies war der schlimmste bisher verzeichnete Unfall mit Bergsteigern.
Doch die Bilanz erscheint noch wenig dramatisch im Vergleich mit den mindestens 40.000 (möglicherweise bis zu 80.000) ***italienischen*** und ***österreichischen Soldaten***, die im Laufe des Ersten Weltkriegs unter von den Granatwerfern ausgelösten Lawinen in den Ostalpen starben. An einem einzigen Tag, am 13. Dezember 1916, zählte man rund 18.000 Tote und Vermisste aus beiden Armeen. Sie wurden bei Santa Lucia unter hunderten von Lawinen begraben, die sich innerhalb weniger Stunden von den beschossenen Bergflanken lösten.
Etwa gleich viele Menschen begrub eine riesige Mure am 31. Mai 1970 in ***Yungay*** in Peru unter Massen von Gestein und Erde.

Blitzschläge

Am 27. Oktober 1697 schlug ein Blitz ins **Arsenal** *der* **Burg Athlon** *in Irland ein. Im Waffenlager befanden sich 260 mit Schießpulver gefüllte Fässer und mindestens 1000 deponierte Granaten, das gesamte Lager flog in die Luft. Der Explosion fielen Dutzende Menschen zum Opfer, auch die umliegenden Häuser blieben nicht verschont, das Feuer griff über und legte in kurzer Zeit alle Wohnhäuser im Umkreis mehrerer Meilen in Schutt und Asche.*
In jüngerer Vergangenheit, am 8. Dezember 1963, schlug ein Blitz in eine **Boeing 707** *über* **Elkon**, *Maryland, in den Vereinigten Staaten von Amerika ein. Der darauf folgende Absturz kostete 81 Menschen das Leben.*

Dämme können brechen!

Der gleichzeitige Bruch zweier Staumauern bei ***Ban Hiao*** und ***Shinantan*** in der chinesischen Provinz Henan im August 1975 führte zu einer Katastrophe, der 230.000 Menschen zum Opfer fielen. Mit Schrecken erinnert man sich auch an das Unglück am ***Vajont***-Staudamm in Italien am 9. Oktober 1963. Ein ganzer Berg, der Monte Toc, brach ab und stürzte in Form einer gewaltigen Lawine aus Felsen, Geröll und Schlamm in den Vajont-Stausee in Friaul-Julisch Venetien. Das Staubecken zählte damals mit 276 m zu den tiefsten der Welt, doch der Wasserspiegel stieg so stark an, dass eine riesige Wassermasse über die Staumauer hinaus ins Piave-Tal schwappte und dort eine 70 m hohe Flutwelle aufbaute, die sich mit 250 km/h flussabwärts bewegte (siehe Illustration). In weniger als sieben Minuten waren die Dörfer Pirago, Villanova, Rivolta, Foe und Longarone von der Landkarte getilgt, es starben mindestens 2000 Menschen.

Der Vajont-Staudamm in einer Luftaufnahme

Das Dorf Longarone wurde unter Schlamm- und Felsmassen begraben

Tödlicher Geysir

Im August 1903 kamen vier Menschen bei einer der gewaltigsten Eruptionen des größten Geysirs der Welt, des **Waimangu** *in Neuseeland, ums Leben. Obwohl sich die Opfer in 27 m Entfernung vom Krater des Geysirs aufhielten, wurden sie von einem mächtigen Strahl heißen Wassers erfasst und 800 m weiter entfernt auf die Felsen geschleudert.*

Verkehrsunfälle

Am 3. November 1982 kollidierte ein Tankwagen im 2,7 km langen ***Salang-Tunnel*** (siehe Illustration) in Afghanistan mit einem Militärlastwagen. Die Explosion forderte mindestens 176 Todesopfer, inoffizielle Quellen sprechen jedoch von mehr als 2000, da zahlreiche weitere Fahrzeuge in den Unfall verwickelt wurden. Der vielleicht spektakulärste Verkehrsunfall ereignete sich am 11. Juni 1955 bei ***Le Mans*** in Frankreich, als der Rennpilot Pierre Levegh bei einem Überholmanöver die Kontrolle über seinen Mercedes 300 verlor: Das Fahrzeug prallte gegen eine Mauer, überschlug sich anschließend und tötete 82 Zuschauer, die entlang der Rennstrecke das Autorennen verfolgten.
Am 9. August 1973 stürzte ein voll besetzter Autobus in ***Ägypten*** in einen Seitenkanal des Nils. 127 Menschen kamen bei dem Unfall ums Leben, das ist die bisher schrecklichste Bilanz aller bekannten Autobusunfälle.

Oben: der ausgedörrte Boden der Sahel-Zone; unten: eine der wenigen Wasserzisternen in der Wüste Thor in Indien

TROCKENHEIT

Eine halbe Million Menschen sind 1984 und 1985 den **Dürreperioden** *in der Sahel-Zone zum Opfer gefallen, die wie die sprichwörtlichen biblischen Plagen das Gebiet immer wieder heimsuchen. 1999 konnte nur durch die Hilfe humanitärer und internationaler Hilfsorganisationen eine Tragödie noch größeren Ausmaßes vermieden werden, als* **Äthiopien** *unter einer der schlimmsten Dürreperioden seiner Geschichte litt. Das Überleben eines ganzen Volkes stand auf dem Spiel – was jedoch Äthiopien nicht dran hinderte, in den darauf folgenden Monaten Eritrea den Krieg zu erklären.*
Hunger, Durst, Seuchen, Unterernährung und Waffengewalt spielen bei Katastrophen dieser Art häufig zusammen und verschärfen das Leid.

WISSENSWERTES

Zwischen 1959 und 1961 starben 40 Millionen Chinesen im Laufe der schlimmsten ***Hungersnot*** der Neuzeit an Unterernährung.

Gefährliche Tunnels

Eine blutige Bilanz musste auch nach den beiden schweren Unfällen am 31. März 1999 und am 24. Oktober 2001 im ***Montblanc-Tunnel*** im Aosta-Tal und im ***Gotthard-Tunnel*** im Schweizer Kanton Tessin gezogen werden: 45 und 12 Tote. In beide Unfälle waren Schwerfahrzeuge verwickelt, es kam zu Bränden, die Flammen schlossen Fahrzeuge und Menschen in den Tunnels ein. Diese Katastrophen lösten nachhaltige Diskussionen zum Thema Sicherheit der Verkehrsnetze aus.

Eisenbahnunglücke

Am 6. Juni 1981 kamen mehr als 800 Passagiere bei einem Eisenbahnunglück ums Leben, als ein Zug von der Brücke über den Fluss ***Bagmati*** in ***Bihar*** in Indien stürzte. Als Ursache wurde Bremsversagen angegeben, unbestätigten Augenzeugenberichten zufolge sollen sich jedoch Wasserbüffel auf den Schienen befunden und die Annäherung der Zuggarnitur ungerührt beobachtet haben.

Katastrophe beim Tunnelbau

Zwischen 1931 und 1935 starben beim Bau des ***Tunnels*** bei ***Hawk's Nest*** in Virginia, USA, über 2500 Arbeiter an Vergiftungserscheinungen, nachdem sie bei der Arbeit Staub ausgesetzt waren, der hochgradig schädliches Siliziumdioxyd enthielt. Weitere 2000 Arbeiter trugen bleibende Schäden in Form von Erkrankungen der Atemwege davon.

STADIEN, ZIRKUSSE UND VERGNÜGUNGSZENTREN

Das schlimmste Unglück, das je in einem **Zirkus** *passierte, ereignete sich am 6. Juli 1944 in Hartford, Connecticut (USA), als während einer Vorstellung ein Brand ausbrach. 168 Personen kamen ums Leben, darunter zahlreiche Kinder. Auch* **Feuerwerke** *haben ihre Tücken, und das nicht nur zu Silvester: Im Mai 1770 starben rund 800 Menschen bei einem Feuerwerk an der Seine in* **Paris**, *als die Feuerwerkskörper unkontrolliert hochgingen.*

Stadien und Hippodrome

Pferderennbahnen und Fußballstadien, die eigentlich dem Vergnügen dienen sollten, können ebenso Schauplätze großer Tragödien sein. 600 Personen fanden den Tod, als eine Tribüne im ***Jockey Club*** von ***Hongkong*** am 26. Februar 1918 zusammenbrach, das sind die meisten Todesopfer, die je im Rahmen einer Sportveranstaltung zu beklagen waren.

Terroranschläge

Zahlreich sind die Todesopfer unter Prominenten und Menschen von der Straße, die in den letzten 200 Jahren terroristischen Anschlägen zum Opfer fielen. Doch keiner dieser Anschläge war so spektakulär, dramatisch und blutig wie jener auf die Twin Towers des ***World Trade Center*** in ***New York*** (siehe Illustration) und das ***Pentagon*** in ***Washington***, den Sitz des Verteidigungsministeriums der Vereinigten Staaten. Der 11. September 2001 ist noch frisch in der Erinnerung als der Tag, an dem die fundamentalistische Organisation Al-Quaida unter der Führung des radikalen Islamisten Bin Laden erbarmungslos zuschlug. Die Folge war eine Tragödie unvorstellbaren Ausmaßes: 2819 Menschen fanden allein beim Einsturz der Twin Towers den Tod, 265 (232 Passagiere und 33 Besatzungsmitglieder) starben an Bord der vier Flugzeuge, die in das World Trade Center und das Pentagon rasten oder vor dem Erreichen ihres Ziels abstürzten. Mindestens 50 Terroristen waren an der Operation direkt als Kamikazepiloten oder indirekt als Organisatoren beteiligt. Die Zahl der Verletzten betrug 6400, 400 Tote verzeichnete man unter den Hilfskräften, 343 Feuerwehrleute und 57 Polizeibeamte wurden getötet. Der Sachschaden beträgt etwa 40 Milliarden Dollar, 12 Tonnen Gold (3800 Goldbarren) blieben zusammen mit hunderten von unauffindbaren Toten unter den Trümmern der Twin Towers begraben.

BIOTERRORISMUS

Im März 1988 während des **Irak-Kriegs** *wurden 5000 Kurden, die als halbnomadische Bevölkerung in den Bergen des Kaukasus und Anatoliens nahe der iranischen Grenze lebten, von Saddam Hussein und der Armee des Ayatollah bei einem Gas-Angriff (Blausäuregas, Senf- und Nervengas) auf die Stadt* **Halabja** *getötet.*

Diese Operation erschien den Beobachtern keine Kriegsführung, sondern eine ethnische Säuberung zu sein, da dieses Volk seit Jahren die Unabhängigkeit gefordert hatte.

Am 20. März 1995 wurden bei einem Giftgasattentat mit Sarin auf die **U-Bahn von Tokio** *12 Personen getötet, 5000 trugen schwere Vergiftungen davon. Der Attentäter war ein radikaler Anhänger der japanischen Aum-Sekte, die den Hindu-Gott Shiva verehrt.*

Umweltkatastrophen

Mindestens 50 Umweltkatastrophen in den letzten Jahrzehnten haben der Menschheit deutlich vor Augen geführt, wie verletzlich das Ökosystem der Erde ist. Der wohl schwerste Zwischenfall ereignete sich im Atomkraftwerk von ***Tschernobyl*** in der Ukraine in der ehemaligen UdSSR am 28. April 1986. In einem der Reaktoren gab es eine Explosion, anschließend verbreitete sich eine gigantische radioaktive Wolke, angetrieben von den Winden, über einen Großteil Europas. Die Strahlung war 20-mal stärker als jene der Atombombe von Hiroshima. 32 Arbeiter und Hilfskräfte starben an Ort und Stelle, weitere 200 Todesopfer gab es in den unmittelbar darauf folgenden Tagen. 1.700.000 Einwohner waren der schädlichen radioaktiven Strahlung ausgesetzt, 135.000 wurden evakuiert, 850.000 blieben im verstrahlten Gebiet, das sich über 28.200 km^2 erstreckte, und setzten damit

ihre Gesundheit aufs Spiel. 60.000 Hektar Wald im näheren Umkreis Tschernobyls sind heute noch verstrahlt. Man schätzt, dass die Katastrophe insgesamt 6700 Opfer gefordert hat.
Andererseits weist der ***Karachay-See*** in unmittelbarer Nähe der ***nuklearen Wiederaufbereitungszentrale Mayak*** in der russischen Provinz Tscheljabinsk, die offiziell seit 1990 wegen der nicht ausreichenden Sicherheitsstandards stillgelegt ist, eine 100-mal höhere Radioaktivität als Tschernobyl auf. In seinem Wasser und im schlammigen Grund sammeln sich immer noch die Giftstoffe, die nach wie vor aus den Ruinen von Mayak in die Atmosphäre dringen. Ein Aufenthalt von einer Stunde an diesem See bedeutet das Äquivalent von 2000 Röntgenaufnahmen und ist damit mit an Sicherheit grenzender Wahrscheinlichkeit ein tödliches Risiko.

Umweltkatastrophen

Ebenfalls in der ehemaligen Sowjetunion hat man einem weiteren großen Gewässer erheblichen Schaden zugefügt. Der ***Aralsee*** an der Grenze zwischen Kasachstan und Usbekistan war vor wenigen Jahrzehnten noch der viertgrößte See der Welt. Nun ist seine Oberfläche von 65.000 auf 30.000 km^2 geschrumpft, da der Großteil des Wassers dazu verwendet wurde, die Baumwollplantagen, die auf Anordnung der Regierung in der umliegenden Wüstengegend angepflanzt wurden, zu bewässern. Das erwies sich jedoch als katastrophaler Fehler: Der Salzgehalt im Wasser stieg an, und zusammen mit dem Schrumpfen der Oberfläche führte dies zu einer Zerstörung der Fischbestände im See. Das Klima in der Region ist rauer geworden, die althergebrachten wirtschaftlichen Strukturen brachen zusammen und die Ufer des Sees gleichen heute einem gigantischen Schiffsfriedhof, sie sind von verrostenden Wracks gesäumt.

Satellitenaufnahme des Aralsees; die ehemalige Oberfläche ist gut zu erkennen

TÖDLICHE SEEN

*Der **Nyos-See** in Kamerun ist zweifellos das tödlichste aller stehenden Gewässer: Mindestens 2000 Menschen starben bereits an Vergiftungserscheinungen, die durch das aus seinen Wassern aufsteigende Gas hervorgerufen worden sind. Im August 1986 starben in einer einzigen Nacht zwischen 1600 und 1800 Menschen und unzählige Tiere an den massiven Ausdünstungen von Kohlendioxyd, das entweder durch vulkanische Aktivität oder durch die Zersetzung organischen Materials am Grund des Sees entstanden war.*

Umweltkatastrophen

Groß sind auch die Katastrophen, die Erdöl verursachen kann. Im August/September 1944 wurden bei ***Usinsk*** in der russischen Republik Kami 2110 Hektar arktische Tundra, eine Fläche in der Größe von El Salvador, nach dem Bruch einer Pipeline verschmutzt. 117 Millionen Liter Rohöl liefen aus, das war die größte bisher bekannte Ölpest.
Nur ein Siebtel dieser Menge lief 1991 anlässlich des ***Golfkriegs*** nach der Zerstörung von Raffinerien und Bohrtürmen ins Meer. Noch immer sind die Folgeschäden an der Umwelt nicht abzuschätzen, die durch das Unglück vor der Küste der ***Bretagne***, als der unter der Flagge von Malta fahrende Tanker *Erika* (siehe Illustration) auf Grund lief, verursacht wurden.
Der dicke, ausgedehnte Ölteppich hat beinahe alles Leben auf dem zuvor artenreichen Küstenstrich erstickt, über 85% der Vögel und Fische sind verschwunden.

Die Ölförderung führt oft zur Verschmutzung zuvor intakter Meeresabschnitte, hier in Ägypten am Roten Meer

ENTSORGUNG IM WASSER

Doch nicht nur Tankerunglücke verursachen Umweltschäden im Meer: Zwischen 1953 und 1967 hat eine japanische Kunststofffabrik eine riesige Menge Quecksilberschlacke in der Bucht von **Minimata** *abgelagert, was zum Tod von 800 Menschen führte, 4000 weitere trugen bleibende Schäden davon.*
Und auch der **Rhein** *musste die Folgen menschlicher Verantwortungslosigkeit tragen: Im November 1986, beim Brand einer Chemiefabrik in Basel, Schweiz, wurden 30 Tonnen Pestizide und andere hochgiftige chemische Substanzen in den Fluss abgepumpt, was dazu führte, dass auf einem langen Abschnitt des Flusslaufes alles Leben ausgelöscht wurde.*

RECORDNEWS

KATASTROPHEN

Der Treibhauseffekt

Vom Beginn der Industriellen Revolution bis heute sind die vom Menschen erzeugten Kohlendioxyd-Emissionen auf der Erde im Ansteigen begriffen. Der Grund hierfür ist die uneingeschränkte *Nutzung fossiler Brennstoffe* als Energiequellen für die verschiedenen Aktivitäten der Menschen. In den letzten 20 Jahren verzeichnete man jedoch eine beträchtliche Beschleunigung des Brennstoffverbrauchs und in der Folge auch des CO_2-Gehalts der Atmosphäre, er stieg um rund 10%. Wie sich diese Steigerungsrate auf das Klima auswirken wird, ist schwer einzuschätzen, die meisten Wissenschaftler rechnen jedoch mit einem globalen Anstieg der Erdtemperatur um 1,4 bis 4,5 °C.

Dadurch könnten möglicherweise große Teile der Polkappen der Erde und die großen Gletscher in den Gebirgen abschmelzen, was unweigerlich zu einem Anstieg des Meeresspiegels und zur Überflutung von Landstrichen führen würde, die unter diesem Niveau liegen, wie etwa die Niederlande oder Bangladesch. Korallenatolle wie die Malediven oder die Cook-Inseln könnten gänzlich überflutet werden. Einen Vorgeschmack davon bekam die Welt bereits im März 2002, nachdem seit 1995 ein Temperaturanstieg von 2,5 °C auf der Antarktischen Halbinsel gemessen wurde, löste sich ein 500 Millionen Tonnen schweres Eisschelf, das so genannte *Larsen-Eisschelf*, von der Küste und schmolz im Ozean.

Hebt man den Blick vom ewigen Eis der Antarktis in den Himmel, gibt es ebenfalls wenig Grund zur Sorglosigkeit: Das Ozonloch, das 1995 noch 7,4 Millionen km^2 maß, ist bereits auf 18 Millionen km^2 angewachsen. Die Zerstörung der Ozonschicht, die in der Atmosphäre die wichtige Aufgabe besitzt, das Sonnenlicht zu filtern und besonders die gesundheitsschädliche ultraviolette Strahlung zu absorbieren, ist hauptsächlich den Menschen zuzuschreiben. 750.000 Tonnen Treibhausgase pro Jahr blasen wir in die Luft, darunter die FCKWs oder *Fluorchlorkohlenwasserstoffe*, die in Kühlschränken und Klimaanlagen und Spraydosen enthalten sind, die Abgase der Überschallflugzeuge und zahlreiche Emissionen chemischer und anderer Industrien, sie setzen enorme Mengen an schädlicher Schwefelsäure frei. Das Ozonloch hat bereits zu dramatischen klimatischen Veränderungen weltweit geführt und das Mikroklima der Polregion beeinflusst und soll auch in Zusammenhang mit dem als *El Niño* bekannten Phänomen stehen.

REKORDE *in* WIRTSCHAFT *und* GESELLSCHAFT

Die Staaten der Welt

Es gibt 192 Staaten auf der Welt. Das kleinste Land ist ***Vatikanstadt***, die Oberfläche ist kleiner als ein halber km², das entspricht etwa 100 Fußballfeldern. Das größte Land, ***Russland***, ist mit seinen 17.070.289 km² 42 Millionen Mal größer. Zu den Giganten zählen weiters ***Kanada*** mit 9.970.537 km², ***China*** mit 9.596.961 km² und die ***Vereinigten Staaten von Amerika*** mit 9.372.614 km². Monaco (1,8 km²), Nauru (21 km²) und Tuvalu (25,9 km²) machen der Bezeichnung »Zwergstaaten« alle Ehre, man bedenke nur, dass das kleine ***Liechtenstein*** schon eine Fläche von 160 km² besitzt. ***China*** hat die längste Grenze der Welt, 22.143 km, und auch die größte Zahl angrenzender Länder, 16. Gleich danach kommt ***Russland*** mit 14. Die längste Grenzlinie zwischen zwei Staaten ist jene zwischen den ***USA*** und ***Kanada*** mit 6416 km. Kanada besitzt übrigens die längste Küstenlinie, 243.791 km, das ist 5-mal länger als die des Indonesischen Archipels mit nur 54.716 km und 33-mal länger als die Italiens.

Chinesen (oben) und Inder (unten rechts) sind an überfüllte öffentliche Transportmittel gewöhnt. Linke Seite unten: ein arabischer Markt

BÜRGER DER WELT

Heute gibt es auf der Welt rund 5.951.400.000 Menschen. Das bevölkerungsreichste Land ist **China** *mit 1.250.000.000 Einwohnern, gefolgt von* **Indien** *mit 998.000.000. Zusammen stellen diese beiden Staaten ein Drittel der Weltbevölkerung,* **Indien** *allein hat eine 3-mal höhere Bevölkerungszahl als die* **USA** *mit ihren 276.000.000 Einwohnern.* **Vatikanstadt** *dagegen hat nicht einmal 1000 Staatsbürger und ist damit das am schwächsten bevölkerte Land der Welt. Gleich danach kommen die Zwergstaaten* **Nauru** *und* **Tuvalu**, *Atolle im Pazifik, die jeweils rund 10.000 Einwohner haben. 23 Staaten der Welt haben über 50.000.000 Einwohner, 14 nicht einmal 100.000.*

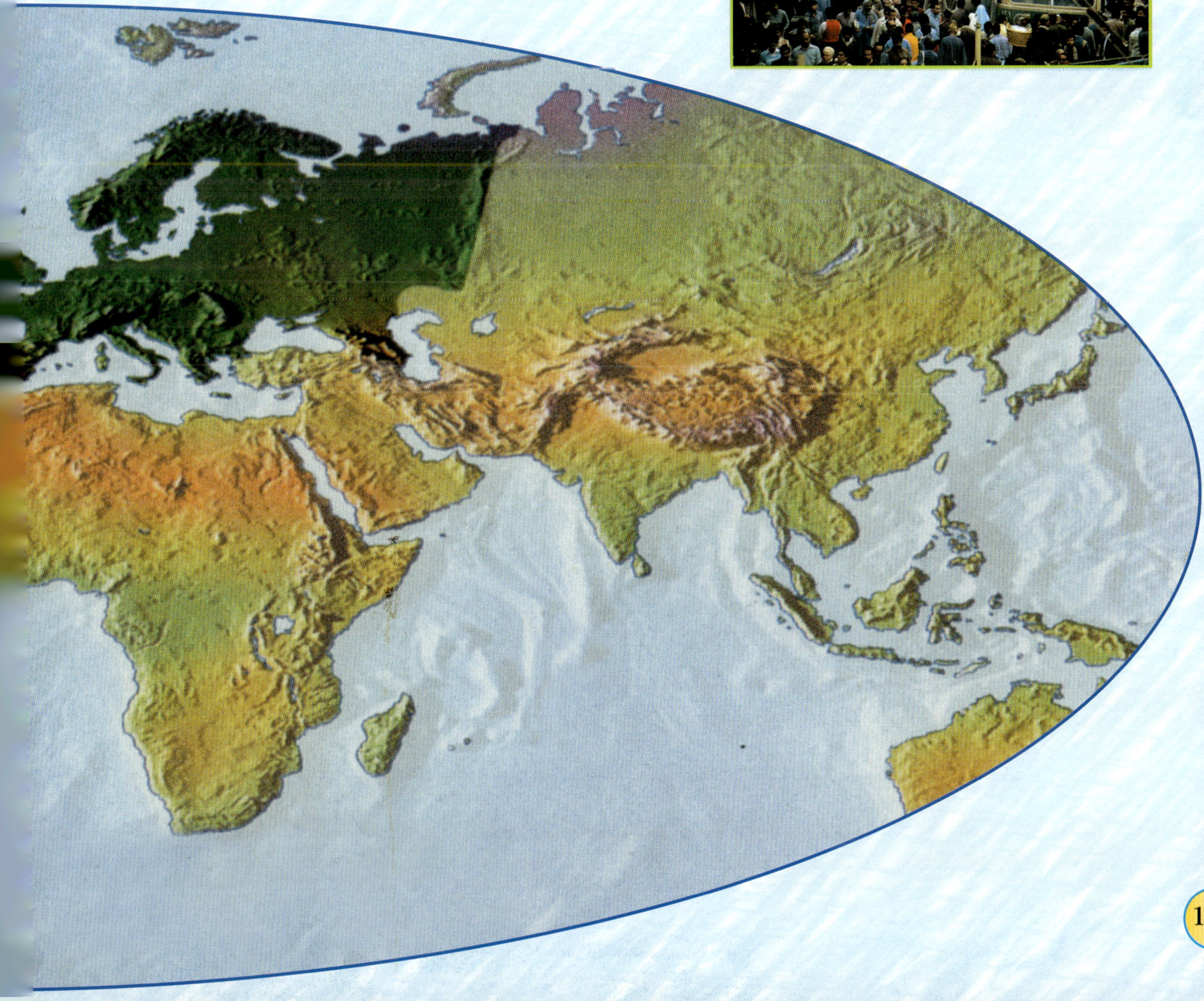

Drei Kinder pro Sekunde

Auf der Erde werden jede Sekunde drei Kinder geboren. Jeden vierten Tag ist die Weltbevölkerung um eine Million Menschen angewachsen. Alle drei Jahre wächst die Bevölkerung der Erde um 240 bis 260 Millionen Menschen, und 98% dieses Zuwachses erfolgen in den Entwicklungsländern. Über 30 Staaten der Dritten Welt werden ihre Einwohnerzahl in den nächsten 30 Jahren verdoppelt haben und so radikal das demographische Gleichgewicht auf dem Planeten verändern.

Pakistan hatte 1950 weniger als 40 Millionen Einwohner, wird aber nach aktuellen Berechnungen noch vor 2050 den ***USA*** den dritten Platz in der Liste der bevölkerungsreichsten Länder streitig machen und sich hinter ***Indien*** und ***China*** einreihen. ***Nigeria*** wird seine Bevölkerungszahl fast verdreifachen und damit den fünften Rang einnehmen. Dieses ungebremste Wachstum bedeutet allerdings auch, dass die Dritte Welt auf immer größere Armut zusteuert, da die wirt-

Es wird eng!

Macao hat mit 26.301 Einwohnern pro km^2 die höchste Bevölkerungsdichte der Welt (in ***China*** sind es 162 Ew km^2) – ***Australien***, ***Mauretanien***, die ***Mongolei*** und ***Namibia*** dagegen weisen mit 2 Ew/km^2 die geringste Bevölkerungsdichte auf.

Nomaden in der Wüste Gobi in der Mongolei. Afrika (großes Bild) ist der am stärksten von der Überbevölkerung betroffene Kontinent.

schaftliche mit der demographischen Entwicklung nicht Schritt halten kann. Es kommt nicht von ungefähr, dass die Schere zwischen Arm und Reich sich weiter öffnet: Das Pro-Kopf-Einkommen des reichsten Landes betrug vor 50 Jahren das 30fache von jenem des ärmsten Landes, heute ist es das 78fache!

BABYBOOM

Die stärksten Bevölkerungszuwachsraten in den letzten Jahren verzeichnete man mit 8,5% in **Ruanda** *sowie in* **Cisjordanien** *und im* **Gaza-Streifen** *mit 5,6%. Am wenigsten gewachsen ist dagegen die Bevölkerung von* **Lettland**, *sie hat sogar um 1,3% abgenommen, ebenso wie in* **Estland** *und* **Georgien**. *Verteilte man alle Menschen gleichmäßig über den Planeten, hätte jeder eine Fläche von rund vier Fußballfeldern zur Verfügung. Drängte man sie dagegen alle dicht zusammen, nähmen sie eine Fläche von der Größe der Insel Jamaika ein, das sind etwa 11.000 km².*

Jung und Alt

In Niger haben die Frauen besonders viele Kinder

Um die Stabilität einer Population zu gewährleisten, braucht es mindestens 2 Kinder pro Paar, die die Eltern später sozusagen ersetzen. Heute liegt die durchschnittliche Anzahl von Kindern pro Paar in 67 der 192 Nationen der Welt bei 2 oder darunter, doch in den Ländern der Dritten Welt ist der Schnitt nur deswegen von 6 auf 3,3 Kinder gesunken, weil mittlerweile 30% der Bevölkerung dieser Länder unter 15 Jahre alt ist. Man erwartet eine Stabilisierung der Bevölkerung bis 2050.
Wenn im ***Jemen*** und in ***Niger*** 50% der Bevölkerung jünger als 15 Jahre sind, so hält ***Italien*** den Rekord mit dem höchsten Prozentanteil an alten Menschen: 24,1% sind älter als 65 Jahre.
Auch in Bezug auf das Durchschnittsalter liegt Italien mit 40,6 Jahren im Spitzenfeld, gleich hinter ***Japan*** mit 41,2 Jahren.
Liberia und ***Niger*** sind mit 55,4 bzw. 55,1 Lebendgeburten pro 1000 Einwohner die geburtenreichsten Länder, ***Lettland*** und ***Bulgarien*** liegen mit 7,7 bzw. 7,8 am anderen Ende der Skala. Mit 8 Kindern pro Frau ist ***Niger*** auch das »fruchtbarste« Land, ***Bulgarien*** mit 1,1 Kindern pro Frau stellt wieder das Schlusslicht dar.

Angola hingegen ist führend in Sachen frühe Schwangerschaften: Bei 219 von 1000 Geburten sind die Mütter zwischen 15 und 19 Jahre alt! In ***Nordkorea*** dagegen werden nur 2 von 1000 Kindern von jugendlichen Müttern geboren.

WISSENSWERTES

Afghanistan führt die Liste der Länder mit der höchsten Säuglingssterblichkeit an, 161,3 Todesfälle auf 1000 Geburten. In ***Japan*** und ***Schweden*** hingegen sind es nur 3,3 bzw. 3,4 von 1000 Neugeborenen. In ***Italien*** liegt der Index bei 5,4.

Hunger und Unterernährung herrschen in vielen afrikanischen Ländern, wie hier in Mauretanien

Lebenserwartung

Das Land mit der höchsten durchschnittlichen Lebenserwartung ist **Japan** *mit 81,5 Jahren (85 Jahre bei den Frauen, 77,8 bei den Männern), gleich dahinter kommt* **Schweden** *mit 80,1 Jahren (82,6 für die Männer, 77,6 für die Frauen). In* **Italien** *liegt der Mittelwert bei 78,7 Jahren, in* **China** *bei 71.*

Der Staat mit der geringsten durchschnittlichen Lebenserwartung ist **Botswana** *mit 36,1 Jahren (36,5 für die Frauen, 35,6 für die Männer). Die ersten zehn Plätze in der Rangliste der Länder mit der geringsten Lebenserwartung, das sind zwischen 36 und 43 Jahren, nehmen bezeichnenderweise* **afrikanische Staaten** *ein. Auf Platz 11 findet man* **Afghanistan** *mit einer durchschnittlichen Lebenserwartung von 43,2 Jahren, dann folgen bis auf Platz 40 wieder nur afrikanische Länder, mit Ausnahme von* **Haiti**, *mit 53,3 Jahren auf Rang 37.*

Botswana *ist auch das Land mit der höchsten Sterblichkeitsrate: 24,5 pro 1000 Einwohner, gefolgt von der gewohnten Liste afrikanischer Länder, die nur von* **Afghanistan** *mit 21,4 Todesfällen pro 1000 Einwohner auf Platz 7 unterbrochen wird.* **Kuwait** *ist mit 2,7 Todesfällen pro 1000 Einwohner das Land mit der niedrigsten Sterblichkeit.*

Sardischer Hirte

Arbeit und Entwicklung

In ***Kuwait*** sind 64,9% der Bevölkerung als aktive Arbeitskräfte in die Produktion von Gütern und Dienstleistungen eingebunden, in ***Singapur*** sind es 58%. Am anderen Ende der Skala findet man ***Kolumbien*** mit nur 17% der Bevölkerung im aktiven Arbeitsleben. Die höchste Arbeitslosigkeit verzeichnet man in ***Armenien***, 36,4% der arbeitsfähigen Bevölkerung sind beschäftigungslos. In ***Italien*** sind es 11,4%. In einem größeren Zusammenhang kann man feststellen, dass die entwickelten Länder und Industrienationen 20% der Weltbevölkerung beherbergen, über 80% des Reichtums verfügen und 70% der Rohstoffe und Energien verbrauchen, während die Länder der Dritten und Vierten Welt 80% der Bevölkerung beherbergen, über 20% der finanziellen Mittel verfügen und 30% der weltweit konsumierten Energie verbrauchen.

Ölpipelines in Kuwait

Irakische Bäuerin bei der Kornernte

GLOBETROTTER

Die am meisten von Touristen besuchten Länder der Welt sind in dieser Reihenfolge **Frankreich, Spanien**, *die* **USA** *und* **Italien**, *mit jeweils 73.042.000, 51.772.000, 48.491.000 und 36.097.000 Gästen.*

Trinità dei Monti in Rom

Die Pyramide des Louvre in Paris

Die Moschee in Cordoba, Spanien

Die Brooklyn Bridge in Manhattan

Raffinerie

Die Städte

Aufgrund von Berechnungen, die als Basis von der aktuellen Entwicklung ausgehen, kann man annehmen, dass in etwas weniger als zehn Jahren die Hälfte der Weltbevölkerung in Städten leben wird. Die Urbanisierung schreitet besonders in der Dritten Welt rasch voran, wo der in Städten lebende Bevölkerungsanteil in den letzten 50 Jahren auf 39% angewachsen ist.
Heute gibt es auf der Welt 41 Städte mit 5 Millionen Einwohnern oder mehr, bis 2015 werden weitere 23 dazukommen, und bis auf 11 davon befinden sich alle in Entwicklungsländern.
Hongkong ist die am dichtesten besiedelte Stadt der Welt mit 98.000 Einwohnern pro km^2, gefolgt von ***Lagos*** in Nigeria mit 67.000 Einwohnern pro km^2. ***Bombay*** in Indien ist eine der größten Städte der Welt und gleichzeitig eine der am dichtesten besiedelten: 55.000 Einwohner pro km^2. Das sind sehr hohe Werte, die die vergleichbaren Parameter europäischer Metropolen wie ***Paris, London*** und ***Rom*** um das etwa 20-fache übersteigen.
Generell sind die größten Städte die Hauptstädte der Staaten, doch es gibt auch Fälle, in denen die größten urbanen Ballungszentren nicht die Hauptstädte sind. So zählt zum Beispiel ***Shanghai*** in China über 17.000.000 Einwohner, ***Peking*** hat dagegen nur 11.500.000. ***Bombay*** in Indien hat 18.000.000 Einwohner, während die Hauptstadt ***Neu-Delhi*** mit 10.000.000 deutlich weniger besitzt. Auch ***New York City*** hat beinahe 17.000.000 Einwohner, die Hauptstadt ***Washington*** kommt dagegen gerade mal auf 4.000.000.

WISSENSWERTES

Tokio ist mit 26.400.000 Millionen Einwohnern die bevölkerungsreichste Stadt der Welt, gefolgt von ***Mexico City*** mit 18.200.000 und ***São Paulo*** in Brasilien mit 17.800.000.

Stadtansicht Singapur

Viel Verkehr!

Suva *auf den Fidschi-Inseln ist die Stadt mit den meisten Kraftfahrzeugen: 668 pro 1000 Einwohner. In* **Katmandu** *in Nepal,* **Mbale** *in Uganda und* **Tangail** *in Bangladesch dagegen kommen auf 1000 Bewohner nur 3 Kraftfahrzeuge. In* **Tiflis** *in Georgien sowie* **Erewan** *in Armenien benutzen 98% der Bevölkerung die öffentlichen Verkehrsmittel. In* **Porto Novo** *sind es dagegen 0%, das heißt also kein Mensch! Vielleicht sind die Autobusse und Straßenbahnen dort nur eine Fata Morgana?*

Straßenverkehr in Hongkong

Stadtansicht Shanghai, China

Sprachen

Mandarin-Chinesisch ist die meistgesprochene Sprache der Welt: 1.075.000.000 benutzen sie in der täglichen Konversation, zum Abschließen von Geschäften, für Liebeserklärungen … ***Englisch*** steht an zweiter Stelle und wird von mehr als einer halben Milliarde Menschen gesprochen, außerdem ist es Amtssprache in 57 Ländern. Auf dem dritten Platz findet sich ***Spanisch***, Amtssprache in 21 Ländern, gefolgt von ***Hindi***, das 425.000.000 Menschen als Verkehrssprache verwenden. Danach folgen ***Russisch, Arabisch***, das in 24 Ländern Amtssprache ist, und ***Portugiesisch***, Amtssprache von 8 Ländern und Verkehrssprache für etwa 200.000.000 Menschen. ***Französisch*** ist zwar Amtssprache in 33 Ländern, wird aber immer noch weniger gesprochen als ***Bengali***: 130.000.000 Menschen gegen 215.000.000. ***Italienisch*** spricht man

außerhalb der Grenzen Italiens noch im Kanton Tessin in der Schweiz sowie in der Republik San Marino. Insgesamt dient es als Verkehrssprache für 62.000.000 Menschen. Insgesamt werden auf der Welt rund 6000 verschiedene Sprachen gesprochen, doch ein Drittel der Weltbevölkerung konzentriert sich dabei auf die 6 am weitesten verbreiteten. Experten gehen davon aus, dass in unmittelbarer Zukunft 426 Sprachen gänzlich verschwinden werden.

WISSENSWERTES

Turkmenisch ist die am wenigsten gesprochene Sprache der Welt, nur etwa 3000 Menschen verwenden sie im Alltag, das sind mehr oder weniger gleich viele wie bei gewissen Dialekten in Afrika, Südostasien, Borneo und Indonesien.

Turkmene

Chinesische Kinder versammeln sich um einen Akkordeonisten

Ferne Heimat

Heute leben rund 2 bis 3% der Weltbevölkerung, das sind 120 bis 180 Millionen Menschen, außerhalb ihrer Ursprungsländer. Die Gründe für diese Migration sind hauptsächlich wirtschaftlicher und sozialer Natur: Arbeitsuche, Kriege oder politische Verfolgung, Hungersnöte, Epidemien. Der größte Anteil der Migranten kommt aus ***Asien***, 43 Millionen. In ***Europa*** leben 25 Millionen Nicht-EU-Bürger, 24 Millionen Einwanderer zählen die ***USA*** und ***Kanada***. 15,5 Millionen verteilen sich auf die afrikanischen Länder, 7,5 Millionen leben in ***Lateinamerika***. Der größte Anteil von Immigranten, gemessen an der Bevölkerung, lebt in ***Ozeanien***: rund 5 Millionen auf 31,5 Millionen Einwohner.

Der Nahrungsmittelbedarf

Wenn in den meisten Industrienationen die tägliche Kalorienzufuhr pro Kopf im Schnitt 3200 bis 3500 und in vielen anderen Ländern 2000 bis 3000 beträgt, liegt dieser Wert für die Hälfte der Weltbevölkerung immer noch deutlich unter 2000 Kalorien, Hunger, Unterernährung und Mangelerscheinungen sind die Folge.

ESSGEWOHNHEITEN AUF DER ERDE

Jeden Tag verzehrt ein US-Bürger im Schnitt 146 g Fett und 114 g Eiweiß, das Dreifache des Pro-Kopf-Konsums in Afrika. Die kalorienreichste Nahrung führen sich jedoch die Südamerikaner zu Gemüte: 156 g Fett und 166 g Eiweiß. Paradoxerweise ist Asien der einzige Kontinent, dem es in den letzten 40 Jahren gelungen ist, den Lebensmittelkonsum pro Kopf signifikant zu erhöhen, wobei die Hauptnahrung aus Getreide besteht. Afrika leidet immer noch am bittersten unter Hunger und Unterernährung, jedes Jahr sterben dort zahlreiche Menschen an den Folgen, hauptsächlich betroffen sind Kinder. In Afrika werden vorwiegend Gemüse und pflanzliche Produkte mit geringem Nährwert verzehrt.

Eine Gruppe von Nicht-EU-Bürgern

Religionen

Die vier am weitesten verbreiteten Weltreligionen sind das ***Christentum*** mit 2 Milliarden Gläubigen, der ***Islam*** mit 1,2 Milliarden, der ***Hinduismus*** mit 900 Millionen und der ***Buddhismus*** mit 400 Millionen, gefolgt von der ***Sikh-Religion*** mit 23 Millionen Anhängern und dem ***Judentum*** mit 15 Millionen. Ein Sechstel der Weltbevölkerung bezeichnet sich als atheistisch, agnostisch oder konfessionslos zu sein. In Indonesien leben mehr Muslime als in jedem anderen Land der Welt, es sind 165.000.000. In Indien gibt es mehr als 850.000.000 Hindus, das sind fast alle Anhänger dieses Glaubens. Ein Viertel aller Buddhisten der Welt, etwa 100.000.000, leben in Japan, etwa gleich viele in China, die größte Anzahl von Anhängern des Christen- und Judentums hingegen leben in den USA, es sind 230.000.000 bzw. 6.000.000. Damit vereint Amerika mehr Anhänger dieser Religion auf seinem Staatsgebiet als Israel.

Buddhistische Mönche in Bangkok, Thailand

Muslime beim Gebet in Kalkutta, Indien

Hinduistische rituelle Waschung in Varanasi, Indien

Die Karfreitags-Prozession auf der Insel Procida in Italien

Arm und Reich

Die stärksten Volkswirtschaften sind jene der ***Vereinigten Staaten***, ***Japans*** und ***Deutschlands*** mit einem Bruttoinlandsprodukt (BIP) von jeweils 9152, 4347 und 2112 Milliarden Dollar. ***Italien*** liegt auf dem sechsten Platz dieser Rangliste mit einem BIP von 1171 Milliarden US-Dollar. 92% des BIP der gesamten Welt werden in Europa, Asien und Nordamerika produziert. Das reichste Land der Welt ist ***Luxemburg*** mit einem durchschnittlichen Pro-Kopf-Einkommen von 42.930 Dollar im Jahr. Das ärmste Land ist ***Äthiopien*** mit einem Pro-Kopf-Einkommen von 100 Dollar pro Jahr, das ist kaum ein Vierteldollar am Tag, damit kauft man sich gerade mal einen Kaugummi …
Obwohl sich die meisten Nordamerikaner und Europäer selbst nicht als »reich« bezeichnen würden, verdienen sie in

weniger als einer Woche gleich viel wie die Bewohner der armen Länder in einem ganzen Jahr.
Es ist daher nicht weiter verwunderlich, dass in den westlichen Ländern die Menschen im Schnitt zwischen 10.000 und 20.000 Dollar im Jahr ausgeben, während man in der Dritten Welt kaum auf die Summe dessen kommt, was die Zeche für eine kleine amerikanische Familie am Samstagabend in einem Fastfood-Restaurant ausmacht. 17 Dollar gibt man in Somali durchschnittlich im Jahr aus, in Tansania sind es 61. Und die reichsten Menschen der Welt verdienen in einem Jahr mehr als ganze Staaten im selben Zeitraum erwirtschaften können.

Markt in einem Dorf der Borana in Äthiopien

WISSENSWERTES

Im Welthandel sind nicht etwa, wie man glauben könnte, die USA führend, sondern die Staaten der Europäischen Union, die 16,2% der Gesamtexporte kontrollieren, gegenüber nur 15,2% für die USA. Doch die US-Amerikaner führen im Handel mit Konsumgütern und Dienstleistungen vor der EU: 15,9% gegenüber 15,2%, und 20% gegenüber rund 18%.

Könige des Geldes

Bill Gates, der Präsident von Microsoft, dem Weltmarktführer in Sachen Computer, steht an der Spitze der Rangliste der Multimilliardäre, sein Vermögen wird auf mindestens 90 Milliarden Dollar geschätzt. Zwei weitere seiner Landsleute sind auf den Spitzenrängen zu finden: Larry Ellison mit 47 Milliarden Dollar und Warren Buffet, der legendäre Broker, dessen Vermögen sich auf 36 Milliarden Dollar beläuft, während sich der Sultan von Brunei und der König von Saudi-Arabien mit vergleichsweise bescheidenen 30 Milliarden zufrieden geben müssen …

Die Französin Lilliane Bettencourt, Erbin des Kosmetikkonzerns L'Oréal, wird als reichste Frau der Welt angeführt, ihr Vermögen beläuft sich auf mindestens 15,2 Milliarden Dollar.

Das Chrysler Building in Manhattan, New York City

Die Dagobert Ducks dieser Welt

In den Vereinigten Staaten von Amerika leben schätzungsweise 70 Multimilliardäre mit einem Vermögen von mindestens einer Milliarde Dollar. In Deutschland sind es 18, in Japan 12, in China 8, in Frankreich 7, in Mexiko, Saudi-Arabien und Italien je 6.

Die Geldmenge, über die diese Menschen verfügen, würde genügen, die Außenverschuldung zahlreicher Staaten der Dritten Welt zu tilgen. Derzeit gibt es mehr Milliardäre auf der Erde als jemals zuvor in der Geschichte.

Schulden und Gewinne

Brasilien ist der Staat mit der höchsten Außenverschuldung der Welt, das Land schuldet seinen Gläubigern 244.673 Millionen Dollar. Japan hingegen investiert die größte Summe in internationale Hilfe: 15.323 Millionen Dollar gegen nur 9145 Millionen der Vereinigten Staaten. Italien liegt mit 1806 Millionen Dollar Entwicklungshilfe an 7. Stelle der Weltrangliste der Nationen, die der Dritten und Vierten Welt finanzielle Hilfe zukommen lassen.

Landwirtschaftliche Nutzflächen auf der Insel Gozzo, Malta

Landwirtschaft

Das Land, in dem der landwirtschaftliche Sektor noch die größte Rolle spielt, ist Guinea-Bissau, wo 62% des BIP in der Landwirtschaft erwirtschaftet werden. Im Gegensatz dazu existiert dieser Wirtschaftssektor in Hongkong und Singapur gar nicht mehr, nicht einmal als statistisches Faktum. Es macht also 0% aus, wenn man von den Blumenkästen, die hier und dort die Beton- und Glaspaläste zieren, und dem einen oder anderen nostalgischen Garten zwischen den Wolkenkratzern einmal absieht …

Bei der weltweiten Industrieproduktion sind wieder die USA führend, dieser Sektor erwirtschaftet dort 2613 Milliarden Dollar. Auf Platz zwei liegt Japan mit 1582, gefolgt von Deutschland und China mit 583 und 486 Milliarden Dollar.

Auch im Handwerk und im Dienstleistungssektor sind die ersten Drei führend, was die wichtige Rolle der USA, Japans und Deutschlands als stärkste Wirtschaftsmächte der Welt nochmals unterstreicht.

Fleisch, Getreide, Obst und Gemüse

China ist der stärkste Produzent von *Getreide* (455 Milliarden Tonnen), *Fleisch* (61,5 Milliarden Tonnen), *Früchten* (67,8 Milliarden Tonnen) und *Gemüse* (260 Milliarden Tonnen), dicht gefolgt von den ***Vereinigten Staaten*** mit 335,5 Milliarden Tonnen Getreide und 37,2 Milliarden Tonnen Fleisch sowie ***Indien*** mit 38,5 Milliarden Tonnen Früchten und 59,4 Milliarden Tonnen Gemüse.
Ein Sechstel der landwirtschaftlichen Produktion weltweit kommt aus ***China***, das ebenfalls führender Produzent von Reis und Korn ist: 198,4 Milliarden Tonnen Reis entsprechen einem Drittel der weltweiten Produktion, dazu kommen 114 Milliarden Tonnen Korn. ***Brasilien*** ist führender Produzent von Zucker und Kaffee: 20.600 und 1941 Millionen Tonnen. ***Indien*** und ***China*** zusammen produzieren mit 806.000 bzw. 676.000 Tonnen mehr Tee als alle anderen Länder der Erde zusammen.
In der Kakaoproduktion nimmt ***Elfenbeinküste*** die Spitzenposition ein: 1.163.000 Tonnen, etwa die Hälfte davon (656.000 Tonnen) werden in den USA konsumiert.

Reine Schurwolle

Australien nimmt den Spitzenrang in der weltweiten Wollproduktion ein: 673.000 Tonnen Rohwolle. Hinter ***China*** liegt ***Italien*** als Spitzenverbraucher.

In der Baumwollproduktion hat ***China*** die Nase knapp vorn und produziert mit 3.829.000 Tonnen etwas mehr als die ***USA*** mit 3.694.000 und ***Indien*** mit 2.652.000.

Wasser ist Leben

Durch den steigenden Bedarf sowohl der wachsenden Bevölkerung als auch der Industrie und Landwirtschaft wird Trinkwasser zu einem immer wertvolleren Rohstoff. Doch in vielen Ländern ist das wertvolle Nass knapp oder nur unzureichend vorhanden. Der jährliche Trinkwasserverbrauch in den **USA** *beläuft sich auf 280.900 Liter, in* **Ozeanien** *147.100 Liter, in* **Europa** *139.500 Liter, in* **Asien** *103.800 Liter, in* **Südamerika** *nur noch auf 74.700 Liter und in* **Afrika** *lediglich auf 45.900 Liter.*

Gerstenernte in China

WISSENSWERTES

Die ***Vereinigten Staaten*** sind der größte Erzeuger von natürlichem und synthetischem Gummi, allerdings wird dort auch am meisten davon verbraucht. Die Produktion beträgt 2.350.000 Tonnen. Auf dem zweiten Platz liegt ***Thailand*** mit 2.240.000 Tonnen.

Wenig Energie für viele

Der Pro-Kopf-Verbrauch an Energie ist in den ***USA*** und ***Kanada*** etwa doppelt so hoch wie in ***Europa***, 10-mal so hoch wie in ***Asien*** und 20-mal so hoch wie in ***Afrika***. Die ***USA*** allein verbrauchen ein Viertel des weltweit geförderten Erdöls. Nach aktuellen Schätzungen verbraucht jeder Amerikaner im Laufe seines Lebens 28 Tonnen tierische Produkte, 25 Tonnen pflanzliche Produkte, 770 Tonnen Produkte mineralischen Ursprungs und eine Energiemenge, die 4000 Barrel Rohöl entspricht.

In ***Asien*** gibt es derzeit in vielen Ländern lebhaftes Wirtschaftswachstum, und damit steigt auch der Konsum. In weniger als 50 Jahren verzeichnete ***China*** eine Verzehnfachung der Wirtschaft, der Konsum ist auf das 18fache angestiegen. In weniger als 20 Jahren könnte in China der Kohleverbrauch bereits auf das Doppelte gestiegen sein, mit allen damit verbundenen Konsequenzen. Die CO_2-Emissionen könnten dann sogar jene der USA übersteigen, was drastische Folgen für die Umwelt hätte.

Heutzutage ist der Pro-Kopf-Energieverbrauch in den ***asiatischen Staaten*** mit starkem Wirtschaftswachstum immer noch weit niedriger als jener in den Industrieländern, doch die Schere schließt sich zusehends. In ***Europa*** haben der Zusammenbruch des Kommunismus und die Krise in den ehemaligen

Kernkraftwerk in Frankreich

Flusskraftwerk in Sibirien

Windmühlen in der spanischen Mancha

Ölförderanlagen in Libyen

Ostblockländern zu einer Verringerung des Energieverbrauchs und damit auch einer Reduktion der CO_2-Emissionen geführt. Die tief gehende Umstrukturierung hat zur Schließung veralteter Fabriken und zur Rationalisierung der Ressourcen geführt.
Afrika ist der Kontinent, der derzeit das stärkste Bevölkerungswachstum aufweist, doch auch Hungersnöte, Trockenheit, politische Instabilität und schlechte bis nicht vorhandene Infrastruktur charakterisieren diesen Erdteil. Von den 18 Ländern der Welt mit ungenügenden Trinkwasserreserven liegen 6 in Afrika, 6 weitere werden dieser Liste bald hinzugefügt werden können …
Dagegen befinden sich ein Viertel der erneuerbaren Wasserreserven des Planeten in ***Lateinamerika***. Folglich ist auch die Wasserkraft eine wichtige Energiequelle für diesen Subkontinent, sie stellt über 60% der verbrauchten Energie. Daher sind die CO_2-Emissionen – abgesehen von den Brandrodungen in den Regenwäldern des Amazonasgebietes – weit geringer als auf anderen Kontinenten.
In ***Ozeanien*** ist der Prozentsatz an fruchtbaren, landwirtschaftlich nutzbaren Flächen noch sehr hoch, denn die Besiedelung ist dünn: Auf einer Fläche, die ungefähr jener der Vereinigten Staaten entspricht, leben etwa gleich viele Menschen wie in Tokio. So bleibt viel Raum für den Anbau von Gemüse und Getreide.

Kohlebergwerk in Großbritannien

Geothermisches Kraftwerk in Island

Windkraftwerk auf Lanzarote, Spanien

Ölbohrinsel in der Nordsee

Energien und Ressourcen

Erdöl als Energiequelle wird in ***Saudi-Arabien*** am meisten gefördert, 8.595.000 Barrel am Tag, nur ein geringer Anteil davon wird im eigenen Land verbraucht. Die ***USA*** fördern 7.760.000 Barrel pro Tag, ***Russland*** 6.180.000. Logischerweise sind die Spitzenverbraucher des geförderten Rohöls auch die am stärksten industrialisierten Länder, respektive die ***USA*** mit 18.490.000 Barrel am Tag, ***Japan*** mit 5.650.000, ***China*** mit 4.370.000 und ***Deutschland*** mit 2.825.000 Barrel am Tag. Die ***USA*** und ***China*** sind auch die größten Produzenten und Verbraucher von Kohle mit 580 bzw. 521 Tonnen Öläquivalent. Diese Energiequelle wird vollständig für die Wirtschaft des eigenen Landes aufgebraucht.

Ölbohrtürme in Saudi-Arabien

Diamantenmine in Kimberley, Südafrika

DIE GRÖSSTEN PRODUZENTEN

Die **USA** *sind die weltweit größten Produzenten von Energie: Sie stellen 2,5 Milliarden Tonnen Öläquivalent (das ist eine Referenzeinheit zur Angabe von Energiemengen unabhängig von der Quelle) her. Auf den folgenden Plätzen liegen* **Russland** *mit 1,4 Milliarden Tonnen,* **China** *mit 1,3 Milliarden Tonnen und* **Saudi-Arabien** *mit 665 Millionen Tonnen.*
Unter den stärksten Verbrauchern finden wir wie üblich die großen Wirtschaftsmächte, wobei **China** *in letzter Zeit eine immer prominentere Rolle spielt und in den Statistiken oft nur noch hinter den USA liegt: 1,2 Milliarden Tonnen Öläquivalent gegen 3,1.*

Energiequellen

Unter den am meisten verwendeten Energiequellen liegt das ***Erdöl*** mit 3,2 Milliarden Tonnen im Jahr (das ist etwa 40% des gesamten Energieverbrauchs) natürlich an erster Stelle, gefolgt von ***Kohle*** mit 2,2 Milliarden Tonnen Öläquivalent, das sind 27% des Gesamtverbrauchs, und ***Atomenergie*** mit 596 Millionen Tonnen Öläquivalent (7%). ***Wasserkraft*** und ***alternative Energien*** nehmen bisher nur etwa 3% des Gesamtverbrauchs ein. Atomkraftwerke gibt es in den USA 110, in Frankreich 57 und in Japan 53.

Ölförderanlagen in Kuba

Techniker in einem Atomkraftwerk in Großbritannien

Gold und Diamanten

In ***Südafrika*** werden weltweit am meisten Diamanten abgebaut (40 Millionen Karat gegenüber 17 Millionen in der ***Demokratischen Republik Kongo***), außerdem Edelmetalle wie Gold und Platin.
In Sachen Gold liegt ***Südafrika*** mit 447,2 Tonnen vor den ***Vereinigten Staaten*** mit 341 und ***Australien*** mit 300 Tonnen. Außerdem verfügt Südafrika über die Hälfte der weltweiten Gold- und Platinvorkommen (77.000 Tonnen Gold). An Silber fördert ***Mexiko*** mit 2467 Tonnen vor ***Peru*** mit 2217 und den ***USA*** mit 1952 Tonnen am meisten. ***Kanada*** dagegen ist führend in der Uranproduktion (10.515 Tonnen), dagegen nimmt sich ***Australien*** mit 3712 Tonnen bescheiden aus.

WISSENSWERTES

Japan ist der weltweit führende Automobilhersteller, jedes Jahr werden dort 8 Millionen Fahrzeuge erzeugt. Auf Platz zwei liegen die ***USA*** mit 6,5 Millionen vor ***Deutschland*** mit über 4 Millionen Autos.

Diamantenmine in Brasilien

Die Deutsche Zentralbank in Frankfurt

Bank und Börse

Unter den ***Banken*** der Welt sind von den 10 größten und wichtigsten Unternehmen für Finanzierungen und Geldanlage drei aus den ***USA*** (zwei davon führen die Liste an), vier sind aus ***Japan***. Auf dem 10. Platz liegt ein ***chinesisches Institut***, die *Industrial and Commercial Bank of China*. An der Spitze steht die amerikanische *Citygroup* mit einer verwalteten Summe von 47.699 Millionen Dollar. Unter den ***führenden an der Börse notierten Unternehmen*** steht die Firma *Microsoft* von *Bill Gates* mit einer Marktkapitalisierung von 586 Milliarden Dollar an der Spitze, gefolgt von einem weiteren amerikanischen Unternehmen, *General Electric* mit 474 Milliarden Dollar. Den dritten Rang nimmt die japanische *NTT Mobile* mit 366 Milliarden Dollar ein, auf den Plätzen dahinter findet man die Spitzenunternehmen der internationalen Telekommunikationsbranche.

Die Leader

Zu den zehn größten ***Unternehmen*** der Welt zählen 6 amerikanische und 4 japanische, wobei die US-Firmen die ersten 5 Positionen einnehmen. Drei davon, ***General Motors*** (mit einem Umsatz von 176,6 Milliarden Dollar auf Platz eins), ***Ford Motors*** und ***Daimler-Chrysler***, gehören der Automobilbranche an. Die italienische ***FIAT*** liegt mit einem Umsatz von 51,3 Milliarden Dollar auf Rang 40.

Die Börse in Tokio

Schule und Studium

Gabun ist das Land mit den meisten Grundschülern: 167% der Kinder im schulfähigen Alter besuchen sie. Diese im ersten Moment unverständliche Zahl kommt zustande, weil darin auch alle jene erfasst sind, die früher als vorgesehen in die Grundschule eintreten oder diese über das Grundschulalter hinaus besuchen, sei es aus sozialen Gründen oder weil sie Lernschwierigkeiten haben und deshalb nicht in eine höhere Schulstufe aufsteigen können. In ***Niger*** und ***Burkina Faso*** hingegen sind die Prozentsätze mit 29 und 40% am niedrigsten, nur eine Minderheit der Kinder im entsprechenden Alter besucht die erste Schulstufe.
Es ist daher kein Zufall, wenn diese Länder auch die weltweit höchsten Raten an Analphabeten verzeichnen: Nur 14,3 bzw. 20,7% der Bevölkerung können lesen und schreiben. In ***Kanada*** gibt es die höchste Anzahl an Studenten. 90% der jungen Menschen im entsprechenden Alter sind an einer Universität inskribiert.

Volksschule in Kamerun

Italien liegt mit 47% hinter ***Deutschland*** und den ***Niederlanden***, aber vor ***Israel*** (44%) und ***Japan*** (43%). ***Moldawien*** ist das Land, das am meisten in sein Schulsystem investiert: 10,6% des BNP, auch ***Namibia*** und ***Zimbabwe*** investieren mit 9% mehr als die reichen Länder Skandinaviens und Nordeuropas. Selbst sehr arme Länder wie ***Jamaika, Jemen, Jordanien, Kuba*** oder ***Kenia*** geben mit 6,5 bis 7,5% vergleichsweise viel für ihr Schulsystem aus, während zum Beispiel ***China***, das in den letzten Jahren ein starkes Wirtschaftswachstum verzeichnet, lediglich 2,5% des BIP für die Aus- und Weiterbildung seiner Jugend ausgibt. In ***Nigeria*** und im ***Sudan*** sind es nur 0,7 bzw. 0,9%, damit sind diese Länder Schlusslichter der Statistik. Allerdings ist das nicht weiter verwunderlich wenn man bedenkt, dass sie ständig unter Kriegen, blutigen politischen Unruhen, Wirtschaftskrise, Hungersnöten und mangelnder Infrastruktur leiden.

Medizin und Gesundheit

Wenn man die wichtigsten Todesursachen betrachtet, so stehen die ***Niederlande*** beim Krebs mit 25,3% aller Todesfälle weltweit an der Spitze, in ***Aserbeidschan*** sterben 44,8% an Herzinfarkt, während in ***Schweden*** 2 von 3 Todesopfern aufgrund von Tumoren oder Herz-Kreislauf-Erkrankungen zu beklagen sind. In ***Ecuador*** und ***Venezuela*** sterben weltweit am meisten Menschen an Infektionskrankheiten (6,7 und 4,8%) sowie durch Verkehrsunfälle (2,1 und 2%). Im ***Kongo*** und in ***Namibia*** ist AIDS mit 1422 bzw. 1143 Todesfällen pro 100.000 Einwohner die Haupt-Todesursache.

In ***Nigeria*** haben nur 10% der Bevölkerung Zugang zu einer medizinischen Grundversorgung, doch selbst im viel besser entwickelten ***Argentinien*** haben 30% der Menschen keine Möglichkeit, benötigte Medikamente zu erhalten, was wieder einmal unterstreicht, dass mangelnde medizinische Versorgung nicht allein ein Problem der so genannten Vierten Welt ist.

Krankenhaus in Brasilien

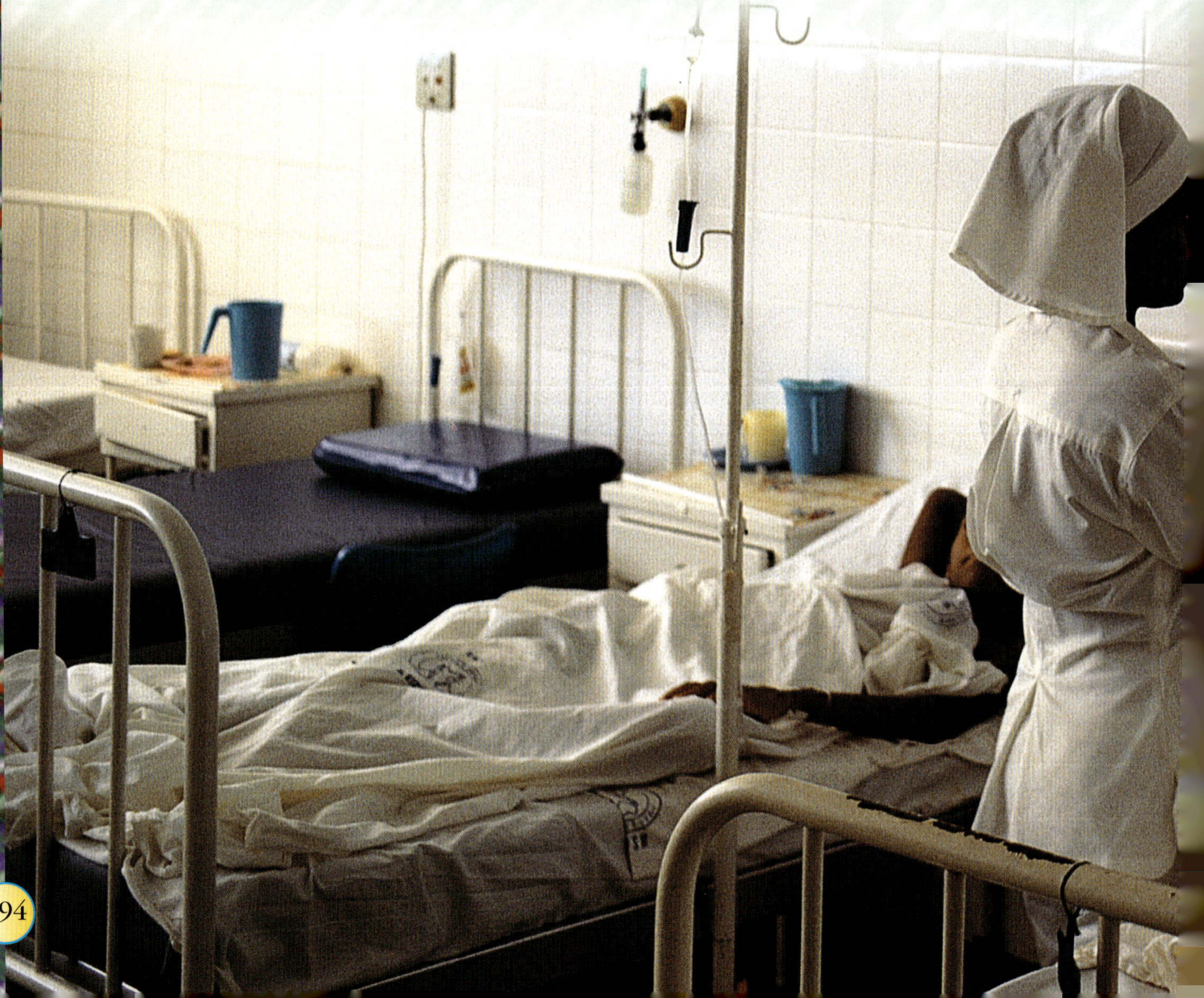

Weisse Mäntel

In allen Industrieländern sind die Kosten für das öffentliche Gesundheitssystem hoch. Die **USA** *an der Spitze der Liste geben 13% des BNP dafür aus (obwohl das nicht gleichzeitig bedeutet, dass die sozial benachteiligten Schichten dadurch besser versorgt wären als anderswo). Erstaunlich ist, dass* **Nicaragua** *mit 12,2% des BIP an zweiter Stelle liegt. Im Gegensatz dazu geben* **Indonesien** *(1,6%),* **Aserbeidschan** *(1,8%) und* **Myanmar** *(ebenfalls 1,8%) weltweit am wenigsten für die ärztliche Versorgung ihrer Bevölkerung aus. Am wenigsten Ärzte im Verhältnis zur Einwohnerzahl gibt es im* **Tschad**, *in* **Eritrea, Gambia** *und* **Malawi**: *nur 1 auf 50.000 Einwohner. Am meisten weiße Mäntel sieht man in* **Italien**, *1 auf 169 Einwohner,* **Kuba**, *1 auf 189 Einwohner,* **Israel** *und* **Russland**, *1 auf 217 Einwohner.*

WISSENSWERTES

Die ***Schweiz*** ist das Land mit den meisten Spitalsplätzen: 18,1 Betten auf 1000 Einwohner. Dicht dahinter liegt ***Japan*** mit 16,5 Betten pro 1000 Einwohner, in den ***USA*** und ***Kanada*** (auf Platz 46 und 53) sind es 4,2 bzw. 3,7. In ***Italien*** kommen auf 1000 Einwohner 6,5 Krankenhausbetten.

Ärzte bei der Arbeit in Mauretanien

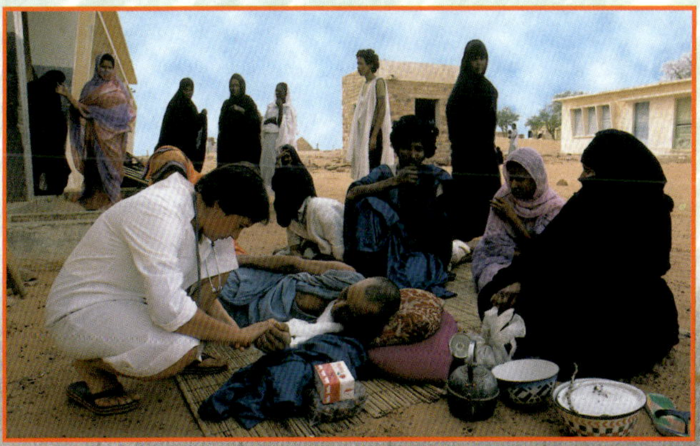

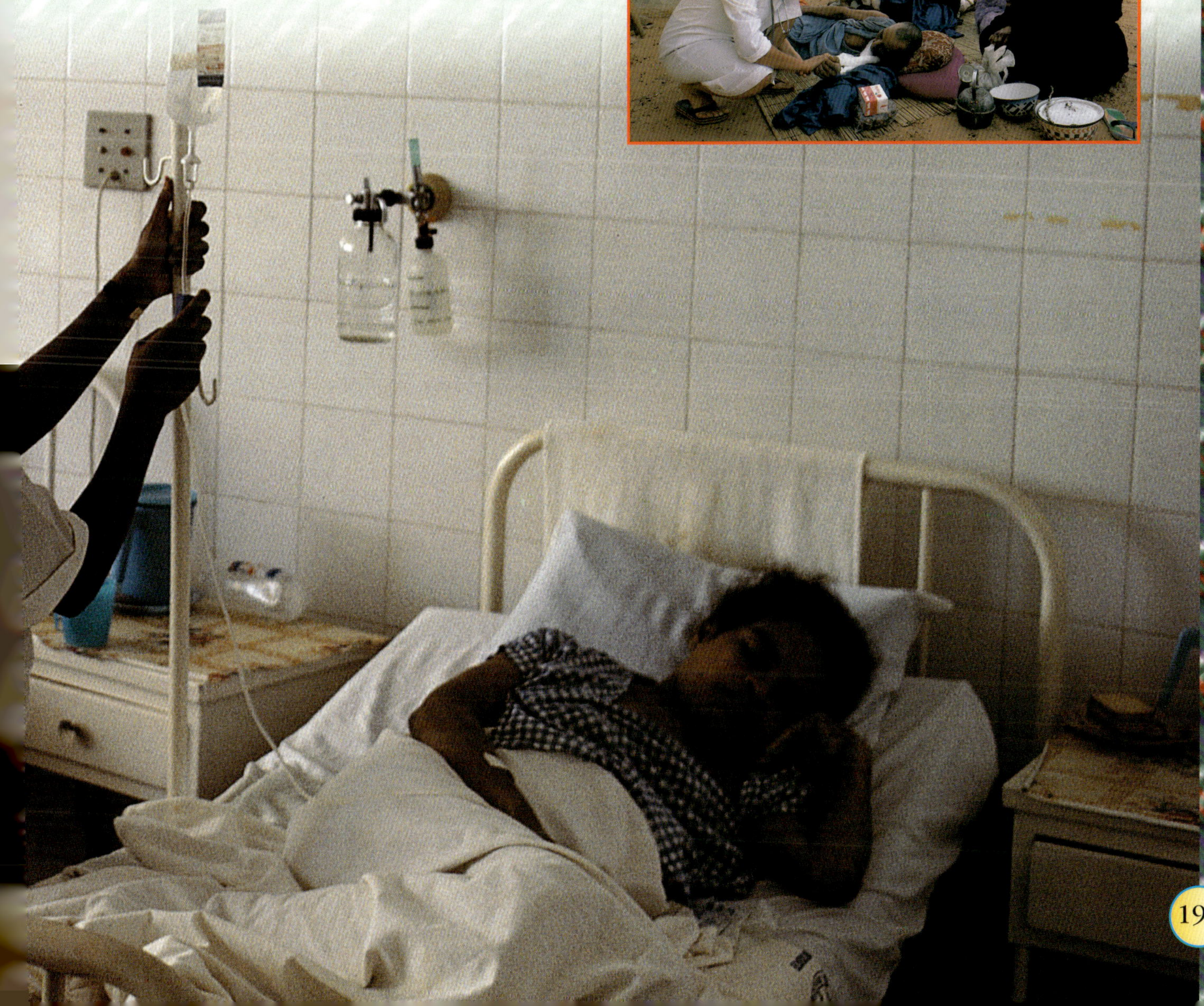

Familie, Ehe und Scheidung

In der Karibik wird anscheinend mehr geheiratet als überall sonst auf der Welt: Die ***Bermudas*** und ***Barbados*** verzeichnen 15,7 und 13,5% Eheschließungen auf 1000 Einwohner. Auch in ***Großbritannien*** steht die Ehe hoch im Kurs, 10,7% Eheschließungen auf 1000 Einwohner, das sind doppelt so viele wie in ***Deutschland*** mit 5,4% und nur etwas mehr als in ***Bangladesch*** mit 9,7% ... In der ***Dominikanischen Republik*** ist man am wenigsten geneigt vor den Traualtar zu treten, 1,9% sind weltweit am wenigsten Eheschließungen. In ***Irland*** sind es immerhin noch 2,2%. In ***Kuba*** sind Scheidungen an der Tagesordnung, 5,9% pro 1000 Einwohner, das sind mehr als in den ***Vereinigten Staaten*** und ***Weißrussland***, wo die Scheidungsrate 4,7% beträgt. In ***Kolumbien, Guatemala*** und ***Nicaragua*** dagegen bleibt man zusammen, die Scheidungsrate beträgt lediglich 0,2% auf 1000 Einwohner.

In ***Saudi-Arabien*** leben die größten Familien mit jeweils mindestens 8 Mitgliedern, gefolgt von ***Gabun*** mit 7,2 und ***Pakistan*** mit 7,1. In ***Schweden*** findet man im Schnitt gerade mal 2,1 Personen unter dem gleichen Dach, das bedeutet, dass nur jede zehnte Familie ein drittes Mitglied besitzt ... Das Leben wird einsamer – wie in vielen westlichen Ländern.

Familie in Kairo, Ägypten

Lebenskosten und Konsumgüter

Der Lebenskosten-Index wird zum allgemeinen Vergleich in den ***USA*** mit 100 angenommen und liegt in ***Japan*** mit 160 am höchsten. Gleich dahinter liegen ***Serbien*** und ***Montenegro*** (122), wo so kurz nach dem Krieg Inflation, Schwarzhandel und Knappheit der täglichen Bedarfsgüter deutlich zu Buche schlagen. Im Anschluss daran finden wir die Länder des asiatischen Wirtschaftswunders: ***Hongkong*** (117), ***Südkorea*** und ***Taiwan*** (102).
Letztere liegen zusammen mit den ***USA*** auch an der Spitze der Länder mit den meisten Farbfernsehgeräten: mehr als 99 auf 100 Familien. Ähnlich fasziniert von der Flimmerkiste sind die ***Kanadier, Australier, Engländer*** und ***Japaner*** sowie überraschenderweise ***El Salvador*** mit 67 Fernsehgeräten auf 100 Familien, während ***Afrika*** mit Ausnahme von ***Tunesien*** und ***Indochina*** unter dem weltweiten Durchschnitt von 24,7 Geräten auf 100 Familien liegt. Die Länder mit den niedrigsten Lebenskosten sind der ***Iran*** (26), ***Indien*** (40), ***Libyen*** (44) und überraschenderweise auf dem 9. Platz das »reiche« ***Südafrika***.

Familie in Sahel, Mali

Ein kleiner Chat gefällig?

In Computerangelegenheiten sind die ***Vereinigten Staaten*** Weltspitze: 51% der US-Bürger besitzen einen PC (ca. 141 Millionen Menschen), dagegen sind es in ***England*** nur 38% und in ***Japan*** 30%, in ***Italien*** gibt es etwa 9 Millionen User, damit liegt das Land mit 16% auf Platz 9. Auf der ganzen Welt gibt es rund 300 Millionen Internet-User, 38% davon in den ***USA*** und ***Kanada*** (ca. 140 Millionen), 30% in ***Europa*** (über 70 Millionen, wobei die ***Skandinavier*** führend sind) und 9% ***Japaner***, die übrigen 23% fassen die User aller anderen Länder zusammen. In ganz ***Afrika*** und im ***Mittleren Osten*** gibt es kaum 4 Millionen, die das Internet benutzen. In ***Italien*** surfen rund 20 Millionen im Netz, 35% der Familien besitzen einen Internetzugang. Diese Zahlen sind jedoch zurzeit kräftig im Steigen begriffen und können daher nur schwer statistisch verarbeitet werden.

Öffentliche Telefone in Johannesburg, Südafrika

Hallo, wer spricht?

Auf den ***Bermudas*** gibt es 85,7 Telefonanschlüsse pro 100 Einwohner, mehr als in ***Norwegen*** (rund 73). Die ***Vereinigten Staaten*** liegen mit 67,3 auf Platz 6, in ***Italien*** sind es 46,2. Es gibt jedoch immer noch Gegenden auf der Erde, wo nie ein Telefonnetz ausgebaut wurde. In der ***Demokratischen Republik Kongo*** zum Beispiel ist ein Telefon ein unerschwinglicher Luxus, wie überhaupt im Großteil Afrikas (in ***Tansania*** gibt es 1 Telefon auf 200 Einwohner), in ***Kambodscha, Bangladesch*** und ***Laos***, aber auch in europäischen Ländern wie ***Rumänien***, der ***Ukraine*** oder ***Polen***, dort gibt es nur 16 Anschlüsse auf 100 Einwohner, in ***Albanien*** sind es überhaupt nur 3! Niedrig ist die Zahl der Telefonanschlüsse auch in ***Südamerika***, wo nur in ***Chile*** und ***Argentinien*** rund 20 Anschlüsse auf 100 Einwohner kommen.

In ***Luxemburg*** gibt es am meisten Mobiltelefone auf der Welt: 87,2 auf 100 Einwohner. ***Österreich*** und ***Italien*** liegen auf den Plätzen zwei und drei, 78,6 und 73,7 Mobiltelefone auf 100 Einwohner ist eine ähnliche Rate wie in ***Skandinavien***, wo es nach der Einschätzung vieler Fachleute in absoluten Zahlen am meisten Mobiltelefone überhaupt gibt. Damit überholen diese Länder wichtige Nationen wie ***Deutschland, Frankreich, Japan*** und vor allem die ***Vereinigten Staaten*** klar, in den ***USA*** sind es gerade mal 31,6 Mobiltelefone auf 100 Einwohner. Der weltweite Durchschnitt liegt bei 5,5 Mobiltelefonen auf 100 Einwohner, dabei ist das Handy in ***Afrika*** sowie in ***Zentralasien*** und Ländern wie ***Vietnam, Nepal, Laos*** und ***Pakistan*** so gut wie unbekannt.

Eine englische Telefonzelle auf dem Land im typischen Rot

WISSENSWERTES

Die ***USA*** haben die größte Anzahl von Telefonzellen auf ihrem Staatsgebiet (etwa 1.800.000), in ***Japan*** sind es 830.000 und in ***Italien*** rund eine halbe Million.

Bücher, Tonträger, Zeitungen, Filme

Kanada ist das Paradies der Homevideo-Fans: 89,9 Videorecorder auf 100 Familien sprechen eine deutliche Sprache. In ***Italien*** sind es nur 65, somit liegt das Land auf Platz 20. In den ***USA*** werden jährlich rund 27 Millionen Bücher verkauft, ***Japan*** und ***Deutschland*** halten mit je etwa 10 Millionen dagegen, was jedoch in Relation zur Bevölkerung ein durchaus respektables Ergebnis ist. ***Italien*** liegt auf Platz 6 mit 2,5 Millionen Büchern, doch gegen die 127 Dollar, die die ***Norweger*** pro Kopf für Zeitungen und Zeitschriften ausgeben, sind die Italiener bei diesen Produkten mit 46 Dollar sparsamer. Das ist weniger als man in ***Singapur, Neuseeland*** oder ***Irland*** aufwendet.

Beim Verkauf von Tageszeitungen pro Kopf ist ***Hongkong*** Weltspitze, dort sind es 762 pro 1000 Einwohner, in ***Macao*** 533 und in den auf Platz 18 rangierenden ***USA*** 203, ***Panama*** liegt auf Platz 40, der ***Libanon*** auf Platz 27 und ***Uruguay*** auf Platz 16.

Die ***Vereinigten Staaten*** und ***Japan*** sind mit über 14 Millionen bzw. 6,5 Millionen

Bücher-*Suk* in Tunis, Tunesien

WISSENSWERTES

Griechenland ist das Paradies der Raucher, der durchschnittliche Pro-Kopf-Verbrauch beträgt 7,8 Zigaretten am Tag (2847 im Jahr) gegenüber 7,3 in ***Polen*** und 7,1 in ***Ungarn***. ***Italien*** liegt mit 4,4 Zigaretten am Tag (etwa 1600 im Jahr) unter dem europäischen Durchschnitt (1646 im Jahr).

führend bei der Anzahl der verkauften CDs, Audiokassetten und Schallplatten, ***Italien*** liegt auf Platz 11 vor ***Brasilien, Mexiko*** und ***Spanien***, wo die Musik offenbar eine wichtige Rolle spielt, immerhin erwerben die Spanier 500.000 Tonträger im Jahr.

Die ***Isländer*** dagegen geben am meisten für ihre Lieblingsmusik aus: 55 Dollar pro Kopf und Jahr.

Bücherstände in Havanna, Kuba

Büchermarkt an der Universität Berlin, Deutschland

Favelas in Rio de Janeiro, Brasilien

Abfallwirtschaft

Wenn die traditionellen Dörfer oder Nomadencamps in Afrika, Asien und Lateinamerika wenig oder gar keinen Abfall erzeugen, da die Bewohner nur das produzieren und konsumieren, was sie wirklich brauchen, so fällt in den reichen Ländern der Welt dagegen eine enorme Menge an Haushalts- und Industrieabfällen an. Im Schnitt erzeugt jeder ***US-Bürger*** 730 kg Müll im Jahr, 690 sind es in ***Australien*** und 660 in ***Kanada***. Alle zehn Nationen an der Spitze der Liste der größten Abfallerzeuger produzieren jedes Jahr nicht weniger als eine halbe Tonne pro Kopf. Die Deponie ***Fresh Kills*** auf Staten Island, New York, ist die größte Müllentsorgungsanlage weltweit. Sie erstreckt sich über eine Fläche von 1200 Hektar (das sind 2400 Footballstadien). Das Zentralgebäude ist so hoch wie ein 17stöckiges Haus und kann bis zu 100 Millionen Tonnen Müll verarbeiten. Bei der Zersetzung entstehen jeden Tag 2700 Tonnen Methangas.

Waldrodung und Umweltschutz

Jedes Jahr werden mehr als 70.000 km² Regenwald zur Holzgewinnung oder für die Bereitstellung von landwirtschaftlichen Nutzflächen gerodet. In ***Brasilien*** werden derzeit am meisten Bäume gefällt, im Jahresschnitt sind es 22.264 km² Wald. In ***Indonesien*** werden 13.124 km² jährlich gerodet, im ***Sudan*** 9549. Am schnellsten verschwindet der Wald in ***Burundi***, jedes Jahr schrumpft seine Fläche um 9%, in ***Indonesien*** sind es 1,2%. In ***Gabun*** sind noch 84% des Staatsgebietes von Urwäldern bedeckt, 77,8% in ***Guinea-Bissau***: Diese beiden Länder liegen damit sogar noch vor ***Finnland***, das mit 72% Wald auch noch viel besitzt. ***Finnland*** führt zusammen mit ***Norwegen, Kanada, Schweden*** und der ***Schweiz*** auch die Liste jener Länder an, in denen der Umweltschutz überall anerkannt und weit gehend praktiziert wird. Der Nachhaltigkeitsindex, der den Umgang mit den natürlichen Ressourcen und die Sensibilität für Umweltthemen veranschaulichen soll, wird als Idealwert mit 100 Punkten angenommen, diese Länder liegen dabei über oder knapp unter 80 Punkten. Die Schlusslichter der Liste sind ***Mazedonien, Bangladesch*** und ***Kirgisien*** mit 39 Punkten.

Urwaldrodung in Benin

Militärausgaben und das Geschäft mit dem Krieg

Eritrea wendet 44,4% seines Bruttoinlandsproduktes für Verteidigungszwecke auf, 16,5% sind es in ***Angola***, 14,9 bzw. 14,3% in ***Afghanistan*** und ***Nordkorea***. Das ist ein großer Teil der ohnehin spärlichen Mittel dieser Länder. Die Militärausgaben ***Israels*** zum Beispiel belaufen sich lediglich auf 8,9%, und im ***Irak***, wo praktisch seit über 20 Jahren Krieg herrscht, sind es auch nur 7,6%. ***China*** unterhält das zahlenmäßig stärkste Heer der Welt, 3 Millionen Soldaten, das sind mehr als das doppelt so viele wie in den ***USA*** und ***Indien***, und dreimal so viele wie in ***Russland***, das noch weniger Soldaten unterhält als ***Nordkorea***, wo es immerhin über eine Million sind.

Die ***USA*** verkaufen Waffen im Wert von 7,1 Milliarden Dollar und liegen damit deutlich vor ***Deutschland*** und ***Frankreich***, die Waffengeschäfte im Wert von 3 bis 4 Milliarden Dollar abschließen. Mehr als zwei Drittel der von der Kriegsindustrie angebotenen Waffen und Systeme wurden in den letzten 25 Jahren von Entwicklungsländern gekauft.

WISSENSWERTES

Unter den vielen Gründen, die einen Krieg auslösen können, findet sich auch ein … Fußball! 1969 erklärte ***Honduras El Salvador*** den Krieg wegen einer für ungerechtfertigt gehaltenen Qualifikation letzterer Mannschaft zur Fußballweltmeisterschaft in Mexiko 1970.

Flüchtlingslager in Amman, Jordanien

US-Soldaten im Vietnamkrieg

Kriege der Welt

Mehr als 150 Kriege haben seit dem Ende des Zweiten Weltkriegs auf der Erde mindestens 30 Millionen Opfer gefordert, davon 7 Millionen Soldaten und 23 Millionen Zivilisten. Das sind ungefähr so viele Tote wie im Ersten und Zweiten Weltkrieg zusammen.

Heute sind rund 90 Länder immer noch in Bürgerkriege, Unabhängigkeitskämpfe, Stammesrivalitäten, Staatsstreiche, Revolutionen, Grenzstreitigkeiten, ethnische Säuberungen oder Religionskriege verwickelt. Über 60 Kriege fanden auf ***asiatischem Gebiet*** statt, rund 50 in ***afrikanischen Ländern***, 20 in ***Mittel- und Lateinamerika*** und rund 10 im »friedlichen« ***Europa***, nahe an den Grenzen der fortschrittlichsten Nationen der Welt.

Auch ***Ozeanien*** ist derzeit Schauplatz eines kriegerischen Konfliktes, der in ***West-Papua*** ausgebrochen ist.

Mindestens 30 Kriegsherde schwelen zurzeit in der Welt. Oft reichen die politischen Hintergründe Jahrzehnte zurück und es kommt immer wieder in kurzen Abständen zu Eskalationen, die die

internationale Diplomatie nicht mehr am grünen Tisch lösen kann. Solche Fälle sind zum Beispiel der Krieg zwischen ***Israel*** und den ***Palästinensern*** oder zwischen ***Äthiopien*** und ***Eritrea***, aber auch zwischen ***Indien*** und ***Pakistan***, sowie jener in ***Afghanistan***.
Kaum einer kann noch angeben, aus welchen Gründen die Kriegsparteien einander in Aceh in ***Indonesien*** bekämpfen, wo es in jüngerer Vergangenheit mindestens 300 Tote gegeben hat, oder in auch in ***Abkhazia***, einer autonomen Provinz Georgiens.
Nur in ***Nordamerika*** hat es seit den Unabhängigkeitskriegen keine blutigen Konflikte mehr gegeben, obwohl die USA häufig mit starken Einheiten maßgeblich an internationalen Konflikten wie zum Beispiel dem ***Golfkrieg*** beteiligt oder in führender Rolle wie im ***Korea-*** und ***Vietnamkrieg***, auf dem ***Balkan*** oder in ***Afghanistan*** gegen die ***Taliban*** und jüngst im ***Irak*** involviert waren.

Soldaten in Äthiopien

Atomtests

Seit 1945 sind über 2000 Atomtests in Wüsten, auf tropischen Inseln und unter der Erde durchgeführt worden. Mehr als 1000 davon gehen auf das Konto der USA, mindestens 700 auf das der ehemaligen Sowjetunion, für rund 200 zeichnet Frankreich verantwortlich, für rund 50 Großbritannien und für je sechs China, Indien und Pakistan.

Die UNO-Blauhelme

Atompilz

Friedensmissionen

Mindestens 20 Friedensmissionen wurden von der UNO und anderen humanitären Organisationen seit 1948 durchgeführt. Etwa 15.000 Soldaten aus verschiedenen Ländern haben daran teilgenommen, 600 haben beim Versuch, den Frieden zu wahren, ihr Leben geopfert.

Kriminalität

Kriminalität stellt in vielen Ländern der Erde ein Problem dar. Am meisten Gewaltdelikte verzeichnet Australien mit 708,5 Fällen auf 100.000 Einwohner, gefolgt von der Dominikanischen Republik mit 682,4 und Südafrika mit 595,6. Was die Diebstähle angeht, scheint Dänemark die neue Heimat von Arsène Lupin zu sein: 7688 angezeigte Fälle auf 100.000 Einwohner, Australien und die Dominikanische Republik sind auch hier mit 6215 bzw. 4780 Fällen im Spitzenfeld zu finden. Die USA beherbergen in ihren Gefängnissen die meisten Insassen, 2 Millionen Inhaftierte, das bedeutet etwa 700 auf 100.000 Einwohner. Sogar China verzeichnet eine halbe Million weniger Gefangene. In Italien, das sich auf dem Listenplatz 21 befindet, sind etwa 54.000 Personen inhaftiert.

RECORDNEWS

WIRTSCHAFT *und* GESELLSCHAFT

Kriegsspiele

Nach Schätzungen internationaler humanitärer Organisationen sind derzeit nicht weniger als 300.000 Kinder und Jugendliche unter 18 Jahren an den verschiedenen Kriegsfronten auf der Welt direkt an den Kampfhandlungen beteiligt, insbesondere in den Entwicklungsländern. Hunderttausende weitere nehmen immer wieder an militärischen Aktionen teil, die allein in den letzten zehn Jahren in mindestens 30 Ländern in *Afrika, Asien, Südamerika* und sogar in *Europa* stattfanden.

Besonders dramatisch stellt sich die Situation in Afrika dar, wo im *Libanon*, in *Angola, Liberia, Ruanda, Burundi*, im *Sudan*, in *Sierra Leone* und der *Demokratischen Republik Kongo* rund 120.000 Kinder gewaltsam von Regierungstruppen aber auch Rebellenmilizen rekrutiert wurden und mit der Waffe in der Hand an ethnischen und religiösen Konflikten oder Stammeskämpfen teilnehmen mussten. Die breite Verfügbarkeit leichter, wenig kostspieliger Waffen spielt eine wesentliche Rolle und hat den Einsatz von Jugendlichen und sogar achtjährigen Kindern in selbst für erwachsene Söldner und Berufssoldaten riskanten Missionen erst ermöglicht. Oft werden sie für den Materialtransport eingesetzt, aber auch für Minensuchaktionen, und selbst vor dem Einsatz von Kindern als Selbstmordattentäter oder menschliche Schutzschilde bei Angriffen des Feindes schreckt man nicht zurück.

Manchmal werden sie angesichts ihres kindlichen Alters eher als Köche, Aufklärer oder für Botendienste eingesetzt, in *Äthiopien, El Salvador* oder *Sri Lanka* kämpften und kämpfen zahlreiche Kinder teilweise immer noch an vorderster Front in blutigsten Auseinandersetzungen.

Aus den Jahresberichten der humanitären Organisationen ist zu entnehmen, dass seit dem *Golfkrieg* von 1991 über 2 Millionen Kinder im Laufe von Kampfhandlungen getötet wurden, weitere 6 Millionen wurden verstümmelt, 5 Millionen befinden sich auf der Flucht und zusätzliche 12 Millionen leben in Flüchtlingslagern.

REKORDE *im* TRANSPORT

Straßen und Verkehr

Die ***USA*** verfügen über das längste Straßennetz der Welt, insgesamt 6.348.227 km. Auf den weiteren Spitzenplätzen finden wir ***Indien*** mit 3.319.644 km und ***Brasilien*** mit 1.724.924 km. Auf dem vierten Platz liegt ***China***, ein riesiges Land mit 1.210.000 km Straßen, gefolgt von ***Japan*** mit 1.152.207 km Straßen, wobei das Staatsgebiet dieses Landes 26-mal kleiner ist als das chinesische. ***Italien*** liegt auf Platz 12 mit einem Straßennetz von 654.676 km Länge. In den ***USA*** verkehren schätzungsweise 150 Millionen Kraftfahrzeuge (das ist die Hälfte aller Automobile auf dem ganzen Planeten), 40 Millionen sind es in ***Japan*** und ***Deutschland***, mehr als 30 Millionen in ***Italien***, das sind doppelt so viele wie im größten Land der Welt, ***Russland***. ***Macao*** verfügt über das weltweit dichteste Straßennetz: 15,2 km Straßen pro km^2. Ebenfalls an der Spitze dieser Statistik finden wir Länder, in welchen sich der moderne Autoverkehr auf einer relativ kleinen Fläche abspielen muss, wie ***Malta*** (5,51 km Straßen pro km^2), ***Singapur*** (4,80), ***Belgien*** (4,78) und ***Italien*** mit 2,17 auf Platz 10. Die ***USA*** mit ihrem großen Staatsgebiet sind gar nicht gelistet. Die am stärksten frequentierten Straßen der Welt hat ***Hongkong***, 287 Fahrzeuge drängen sich im Schnitt auf 1 km, das bedeutet, dass 700 von 1000 m Straße von Verkehrsmitteln eingenommen werden. Die ***Vereinigten Arabischen Emirate*** mit 232 Fahrzeugen pro km und ***Macao*** mit 199 sind ebenfalls an der Spitze der Rangliste zu finden. In ***Italien*** mit »nur« 56 Kraftfahrzeugen sieht es zwar etwas ruhiger aus, aber Staus und Verkehrsbehinderungen gibt es dennoch immer wieder.

Mobilität ist angesagt

Im **Libanon** *kommen 732 Kraftfahrzeuge auf 1000 Einwohner, das bedeutet, dass die Bevölkerung dort »mobiler« ist als in reichen Ländern wie* **Luxemburg** *(576),* **Brunei** *(576),* **Italien** *(545) oder den* **Vereinigten Staaten***, die mit 486 Kraftfahrzeugen pro 1000 Einwohner auf Platz 9 liegen.*

Dagegen gibt es in **Somalia** *und* **Tadschikistan** *am wenigsten Kraftfahrzeuge: 0,1 auf 1000 Einwohner. Nach diesen Schätzungen dürften in* **Somalia** *nicht mehr als rund 1000 Autos verkehren.*

Linke Seite: Rush Hour in New York
Großes Bild: Kolonnenverkehr auf der Golden Gate Bridge in San Francisco
Oben: Verkehrschaos mit Taxis und Autos auf einer Kreuzung in Kalkutta, Indien

WISSENSWERTES

In ***Malawi*** und ***Ruanda*** registriert man nicht nur die meisten Verkehrsunfälle, Malawi schlägt sogar ***Indien*** in der Anzahl der Toten und Verletzten aufgrund von Verkehrsunfällen.

Straßen, Gassen, Brücken, Kreuzungen

Eine Straße in Peru windet sich die Anden hoch

Die längste Straße der Welt ist der ***Pan-American Highway***, ein Asphaltband, das sich von der mexikanischen Grenze über 9000 km durch Südamerika erstreckt. Die breiteste Straße ist die ***Monumentalachse***, eine große, mehr als 250 m breite, 3 km lange Avenue mit drei Fahrbahnen, die den Rathausplatz in Brasilia, der futuristischen Hauptstadt Brasiliens, mit dem Platz der drei Gewalten verbindet. Die engste Gasse ist als ***Vicolo della virilità*** bekannt, liegt in Ripatransone in der Provinz Ascoli Piceno in Italien und ist an keiner Stelle breiter als 43 cm.

Die Straße mit den meisten Fahrspuren, ganze 23, ist die ***Bridge Toll Plaza***, die San Francisco (USA) mit Oakland Bay verbindet und über die berühmte Golden Gate Bridge führt. Die steilste ist die ***Baldwin Street*** in Dunedin in Neuseeland, das Gefälle beträgt 42,2%, einige Straßenschilder raten Motorradfahrern davon ab, sie zu benutzen … Man denke nur daran, dass selbst die steilsten Straßen in San Francisco, gewisse afrikanische Pisten oder auch Passstraßen maximal 31% Gefälle aufweisen!

AUTOMOBILHERSTELLER

Der amerikanische Riese **General Motors** *ist der größte Automobilhersteller der Welt. Jedes Jahr laufen dort über 7 Millionen Fahrzeuge für die gewerbliche und private Nutzung vom Band. Auf Platz zwei liegt eine weitere US-amerikanische Firma, die* **Ford Motor Company**, *mit über 5 Millionen Fahrzeugen im Jahr, gefolgt vom japanischen Automobilriesen* **Toyota**, *der ebenfalls rund 5 Millionen Fahrzeuge im Jahr erzeugt. Auch die italienische* **FIAT** *findet sich mit etwa 2 Millionen Autos in den Top Ten der internationalen Automobilkonzerne.*

WISSENSWERTES

Die größte Straßenkreuzung der Welt ist der ***Orange Crush Interchange*** in Kalifornien, USA: 34 Straßen mit einem Verkehrsaufkommen von 630.000 Autos am Tag kommen dort zusammen.

Verschiedene amerikanische Straßenkreuzungen.
Unten Mitte: die Gasse *Vicolo della virtilità* in Ripatransone in Italien

Wie der Blitz

Das schnellste Auto der Welt ist der ***Lamborghini Diablo 5.7***, der bei maximaler Leistung seiner 492 PS eine Höchstgeschwindigkeit von 325 km/h erreicht, das sind fünf mehr als der ***Ferrari 550M***.
Der teuerste Wagen ist das ***Bugatti Royale Sports Coupé*** Modell 41 aus dem Jahr 1931. Es wurden nur sechs Exemplare gebaut, die von einer japanischen Firma aus Privatbesitz 1990 für 15 Millionen Dollar angekauft wurden. Die Formel I-Boliden sind jedenfalls richtige Raketen. Die Rennställe ***Ferrari, Williams*** und ***McLaren***, die bereits seit einiger Zeit den Kampf um den Weltmeistertitel der Konstrukteure unter sich ausmachen, bauen Einsitzer, die im Rennen schon mal die Geschwindigkeit von 350 km/h überschreiten. Der Geschwindigkeitsweltrekord wurde am 15. Oktober 1997 in der Wüste von Nevada von einem Spezialfahrzeug namens ***Thrust SSC*** (siehe Illustration) mit einem Gewicht von 6,4 Tonnen aufgestellt, es hat die Schallmauer durchbrochen und konnte 1228 km/h erreichen. Der Antrieb war eine Flugzeugturbine mit 110.000 PS und einem Treibstoffverbrauch von 20 l pro Sekunde.
Das größte Bodenfahrzeug der Erde ist ein ***Radbohrer*** mit 14.196 Tonnen Eigengewicht aus deutscher Fabrikation, der in einer Kohlenmine in Westfalen zum Einsatz kam. Seine Abmessungen: 200 m Länge, 95 m Höhe; er kann bis zu 240.000 m^3 Erdreich am Tag bewegen.

WISSENSWERTES

Kein Auto wurde öfter gebaut als der berühmte ***Volkswagen Käfer***: am 30. Juli 2003, 69 Jahre nach Beginn der Produktion, rollte der letzte von über 22 Millionen Käfern vom Band.

Ein Bugatti T37 GP von 1927

EIN SCHWIMMBAD IM AUTO

Das längste, aber auch das ungewöhnlichste Auto ist sicherlich die von Jay Ohrberg entworfene, 30 m lange **Limousine**. *Sie hat 26 Räder und ein Gelenk in der Mitte, durch das sie auch durch Kurven manövriert werden kann. Sie ist mit einer Bar und einer Garderobe, einem Schwimmbad mit Sprungbrett und einem bequemen Wasserbett ausgestattet. Unglaublich, aber wahr! Das Auto wird für Filmsets und für den Empfang berühmter Persönlichkeiten zu besonderen Anlässen verwendet.*

Auf vier Rädern …

Die größte ***Tankstelle*** der Welt befindet sich in Saudi-Arabien, sie hat 200 Zapfsäulen und erstreckt sich über eine Fläche von der Größe eines ganzen Stadtviertels. ***Lastwagenzüge*** sind starke Zugmaschinen, die wie Lokomotiven mehrere Anhänger ziehen können und verkehren speziell in Regionen ohne Eisenbahnnetz, wie zum Beispiel in weiten Teilen Australiens. Dort wurde der bisher längste Lastwagenzug weltweit gesichtet, und zwar auf dem *Great Eastern Highway* bei Merredin: Die Zugmaschine und die 45 Anhänger wiesen eine Gesamtlänge von 610 m auf. Der schnellste ***Spritzenwagen*** der Welt ist der *Hawaiian Eagle*, der am 11. Juli in Brainerd, Florida (USA), eine Geschwindigkeit von 355 km/h erreichte. Der Spritzenwagen der Feuerwehr von *Oshkosh* in Wisconsin ist zwar auf der Straße langsamer, dafür kann er 190.000 l Löschschaum in weniger als 3 Minuten versprühen.

… und auf dem Meeresgrund

Am 23. Januar 1960 tauchte der ***Bathyscaph Trieste*** (siehe Illustration), der in der Schweiz von der US-Marine gebaut wurde, mit Professor *Jacques Piccard* und dem Marineleutnant *Donald Walsh* an Bord auf 10.916 m unter dem Meeresspiegel in den tiefsten Tiefseegraben, den Marianengraben im Pazifischen Ozean, ab.

WISSENSWERTES

Die größten ***Autoreifen*** sind jene der Lastwägen für Stein oder andere Speziallasten, sie können einen Durchmesser von bis zu 3,6 m haben, zwei Mann hoch sozusagen.
Die ersten ***Autokennzeichen*** gab es Ende des 19. Jahrhunderts, die ersten Automobile aus Serienproduktion waren die amerikanischen Oldsmobiles.
Mechanische ***Scheibenwischer*** kamen 1910 in Gebrauch, die ersten elektrischen Lichter wurden 1912 montiert.

Linke Seite: amerikanisches Feuerwehrauto,
oben: die Könige der Landstraße, kanadische Lastwagenzüge

Rolltreppen

Die längsten ***Rolltreppen*** der Welt findet man in Hongkong, im *Central Hillside Escalator Link*, einem über 800 m langen System aus Rolltreppen und Laufbändern für den Transport von Pendlern und Personal des Central Market in der Stadt. Die kürzeste Rolltreppe der Welt befindet sich in der *Shopping Mall Okadaya More's* in Kawasaki-shi, sie ist nur 84 cm lang, das ist ein 20stel einer herkömmlichen Rolltreppe.

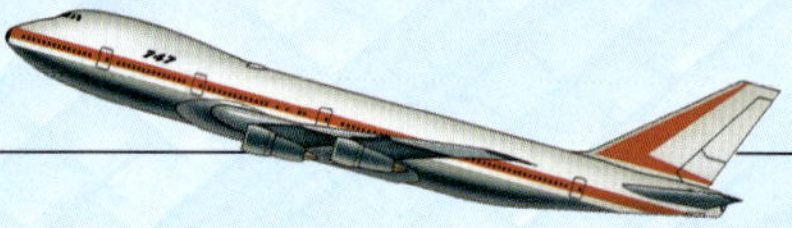

Flüge und Flughäfen

Die ***Amerikaner*** sind absolute Weltspitze im Fliegen: Jeder US-Bürger bucht mindestens 10 Flüge im Jahr, das sind 10-mal mehr als die ***Japaner*** oder die ***Briten*** und 30-mal mehr als die ***Italiener***. Es ist daher kein Zufall, dass die meistfrequentierten Flughäfen ***Hartsfield*** in ***Atlanta***, ***O'Hare*** in ***Chicago*** und der ***Los Angeles International Airport*** sind. Die Anzahl der Flugpassagiere beträgt in dieser Reihenfolge 80, 72 und 68,5 Millionen im Jahr. Über 2500 Abflüge pro Tag werden auf jedem dieser Flughäfen verzeichnet. ***Heathrow*** in ***London*** dagegen ist der Flughafen, von dem am meisten Passagiere auf Interkontinentalstrecken abfliegen: 62 Millionen im Jahr.

In den ***USA*** gibt es insgesamt 14.574 Flughäfen, das sind mehr als die 9 Staaten, die auf dieser Liste die folgenden 9 Rangplätze belegen, zusammen vorweisen können. In ***Brasilien*** sind es 3291, in ***Russland*** 2517. Die schwersten Lasten, die Flugzeuge transportieren, sind … andere Flugzeuge! Und was für welche! Das fast 40 m lange und über 100 Tonnen schwere ***Space Shuttle*** wurde von einer speziell zu diesem Zweck umgebauten ***Boeing 747*** (siehe Illustration) huckepack nach *Cape Canaveral* geflogen.

Eine Boeing 747 in der Luft

WISSENSWERTES

Der Flughafen ***Bangda*** in Tibet ist der höchst gelegene auf der Welt, er befindet sich auf 4739 m über dem Meeresspiegel. Außerdem verfügt er über die längste Start- und Landebahn der Welt: 5500 m. Der internationale Flughafen von Amsterdam, ***Schiphol***, liegt dagegen 5,5 m unter dem Meeresspiegel.

EINE MILLIARDE PASSAGIERE

Weltweit benutzen rund 1 Milliarde Menschen im Jahr das Flugzeug als Transportmittel. Die Fluglinie, die die meisten Passagiere verzeichnet, ist die amerikanische **Delta Airlines***: 105.534.000 pro Jahr, die meisten davon haben eine amerikanische Stadt als Ziel. Auf dem zweiten und dritten Platz liegen die* **United Airlines** *mit 87.000.000 Passagieren im Jahr und die* **American Airlines** *mit 81.000.000. Die* **British Airways** *dagegen transportiert am meisten Passagiere auf Interkontinentalflügen, 37.000.000 Passagiere jedes Jahr auf den Flugrouten in alle Länder der Welt. Die weltweit am meisten frequentierte interkontinentale Route ist London–New York, jedes Jahr sind 4.000.000 Passagiere auf ihr unterwegs. Das sind etwa gleich viele wie auf der meist frequentierten internationalen Strecke Hongkong–Taipeh.*

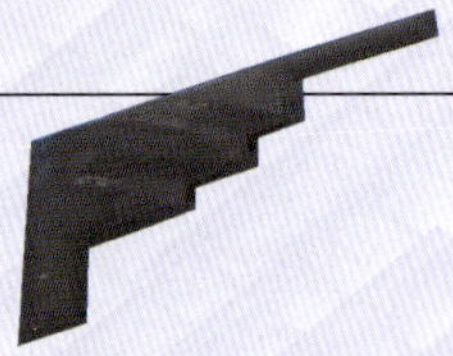

Über den Wolken …

Das schnellste Flugzeug der Welt ist die ***Lockheed SR-71 Blackbird*** (siehe Bild rechte Seite), sie erreicht eine Höchstgeschwindigkeit von 3529 km/h, das ist fast so schnell wie eine Rakete! Sie ist 32,8 m lang, hat eine Spannweite von 17 m und war von 1966 bis 1990 auf vielen »Top Secret«-Missionen im Einsatz. Zurzeit wird sie immer noch von der NATO für Forschungszwecke eingesetzt. Am 11. September 1974 hat sie mit einer Atlantiküberquerung in der sensationellen Zeit von 1 Stunde, 54 Minuten und 56 Sekunden einen Weltrekord aufgestellt, der bis heute hält. Die ***Concorde*** (siehe Bild unten), das inzwischen außer Dienst gestellte einzige Überschall-Linienflugzeug, brauchte für dieselbe Strecke 3 Stunden und 50 Minuten, also fast die doppelte Zeit!
Das schnellste jemals gebaute Flugzeug ist jedoch immer noch die amerikanische ***X-15*** (siehe Illustration): Ein Prototyp, der 1967 eine Spitzengeschwindigkeit von 7279 km/h erreichte, Mach 7, das ist siebenfache Schallgeschwindigkeit. Die ***Blackbird*** hält noch einen weiteren Rekord, nämlich den des höchsten horizontalen Fluges in 26.000 m Höhe. Zum Vergleich: eine ***Boeing 747*** Linienmaschine erreicht maximal 10.000 m Flughöhe.

Giganten der Luft

Die ***Boeing 747-400***, der Jumbo Jet, ist das größte Passagierflugzeug der Welt. Die Spannweite beträgt 65 m, der Rumpf ist über 70 m lang. Sie wiegt 320 Tonnen und kann 566 Passagiere transportieren. Heute sind rund 1000 Flugzeuge dieses Typs im Einsatz. Die russische ***Antonov Au-225*** ist dagegen das schwerste Flugzeug: 508 Tonnen, die durch die Luft fliegen.

IN 31 STUNDEN UM DIE WELT!

Die schnellste Weltumrundung in einem Flugzeug war jene von New York nach Osten vom 15. bis zum 16. August 1995 mit einer **Concorde** *der Air France in 31 Stunden, 27 Minuten und 49 Sekunden mit Stopps zum Auftanken in Toulouse, Dubai, Bangkok, Guam, Honolulu und Acapulco.*

WISSENSWERTES

Der russische Mil Mi-26 ist der größte ***Helikopter*** der Welt, er fasst eine Ladung von 56.000 kg und wird hauptsächlich für militärische Zwecke zum Transport von Sondereinheiten eingesetzt. Er ist 40 m lang, der Hauptrotor hat einen Durchmesser von 32 m.

Erde, Luft, Wasser, Feuer

Das größte Flugzeug, das zur Brandbekämpfung eingesetzt wird, ist eine russische Frachtmaschine des Typs ***Iljuschin 76 TD***. Sie kann bis zu 42.000 Liter Wasser laden und diese Ladung beim Überflug von ausgedehnten Brandflächen auf eine 1200 m lange und 90 m breite Strecke verteilen. Das schnellste Wasserflugzeug der Welt ist die ***Martin XP6M-1 Seamaster***, ein Minenleger der US-Marine, der dank seines vierstrahligen Antriebs gut 1000 km/h Fluggeschwindigkeit erreichen kann.

WISSENSWERTES

1986 gelang den amerikanischen Piloten *Dick Rutan* und *Jeana Yeager* die erste Erdumrundung ohne Zwischenstopps zum Auftanken. Sie flogen ein ultraleichtes Fluggerät namens ***Voyager*** und brauchten für ihre Reise 9 Tage, 3 Minuten und 44 Sekunden, die sie in der Pilotenkanzel beim Betrachten von Sonnenuntergängen in glühenden Farben und des Wolkenmeers von oben verbrachten.

Wasserflugzeug

Ein besonderer Luftballon

Das größte je gebaute Luftschiff, ein **Zeppelin** *aus deutscher Fabrikation, der unter dem Namen* Hindenburg *bekannt wurde, war 245 m lang, das ist etwa 3-mal so lang wie ein Jumbo Jet, und war auf Linienflügen im Einsatz. 1937, nur ein Jahr nach dem Jungfernflug, stürzte sie wegen eines Brandes, der an Bord ausgebrochen war, ab; dabei starben 35 Personen.*

Der »Käfer« der Lüfte

Die Firma, die weltweit am meisten Flugzeuge baute, ist die **Cessna Aircraft Company** *aus Wichita in Kansas, USA. Es waren über 183.000 Stück seit 1911 …*

Eisenbahnnetze und Züge

Die ***Vereinigten Staaten*** haben das längste Eisenbahnnetz der Welt: 234.000 km, auf denen 20.300 Lokomotiven und 3 Millionen Wagons verkehren. Den zweiten Platz nimmt ***Russland*** mit 154.000 km für sich in Anspruch, gefolgt von ***Kanada*** (73.000 km), ***China*** (65.000 km), ***Indien*** (60.000 km) und ***Deutschland*** (37.500 km), dessen Netz übrigens in Sachen Effizienz und Verzweigungen alle anderen Länder um Längen schlägt.

Wenn in den ***USA, China*** und ***Russland*** die Eisenbahn vorwiegend dem Warentransport dient, so hat in ***Japan*** und der ***Schweiz*** der Passagierverkehr absoluten Vorrang. Die längste Eisenbahn der Welt ist die ***Transsibirische Eisenbahn***. Die über 9300 km lange Trasse wurde um 1890 gebaut und verbindet Moskau, die russische Hauptstadt, mit dem Hafen Wladiwostok in Sibirien. Für die gesamte Strecke, die etwa einem Viertel des Erdumfangs entspricht, braucht ein Zug 8 Tage.

Die ***längste geradlinige Eisenbahnstrecke*** verläuft 478 km durch die australischen Nullarbor-Plains, ohne dass eine einzige Kurve ihren Verlauf stören würde.

Französischer TGV

Die höchste Eisenbahn der Welt in den Anden

WISSENSWERTES

Die ***höchst gelegene Eisenbahn der Welt*** windet sich die ***Anden*** in ***Peru*** hoch bis auf 4817 m, das ist höher als der Gipfel des Montblanc – mit atemberaubender Aussicht die ganze Strecke entlang!

Zug in Kanada

Die Transsibirische Eisenbahn

Wiesel und Schnecken auf Rädern

Der längste und schwerste Zug der Welt verkehrt in **Australien**, *er besteht aus 682 Frachtwagons für Erz, nimmt 7,3 km Gleislänge ein und ist über 100.000 Tonnen schwer. Er verkehrt zwischen den Bergwerken Yandi und Newman sowie Port Hedland in Westaustralien.*

Wegen der schweren Fracht ist der Zug natürlich besonders langsam, er braucht gut 10 Stunden für 275 km, das ist mehr, als ein Radrennfahrer für dieselbe Strecke benötigen würde. Der schnellste Zug der Welt ist der **Nozomi** *der japanischen Eisenbahn, er bedient die Linie zwischen Hiroshima und Kokura und erreicht eine Durchschnittsgeschwindigkeit von 262 km/h, das ist etwas mehr als die 256 des französischen* **TGV**. *Der TGV Atlantique hat auf der Strecke zwischen Cortalain und Tours schon einmal die sagenhafte Geschwindigkeit von 515 km/h erreicht – da kann er mühelos in der Formel I mithalten.*

Am 14. April 1999 hat ein Zug der japanischen Eisenbahn vom Typ **Mag-Lev** *(siehe Illustration) sogar 552 km/h Spitzengeschwindigkeit erreicht, doch ist dies keine herkömmliche Eisenbahn, sondern eine Magnetschwebebahn.*

Schiffe und Häfen

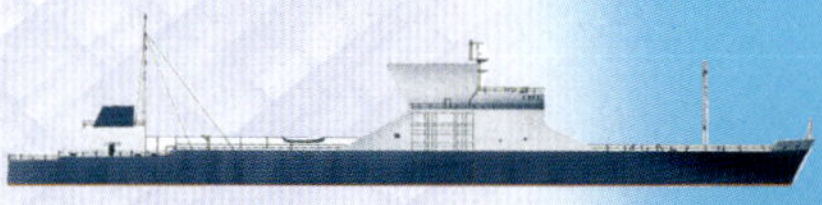

Japan hat die größte Handelsflotte der Welt mit 8000 Schiffen gegen die 6000 von ***Panama*** und die 5800 der ***USA***. ***Rotterdam*** in den Niederlanden ist der größte Handelshafen der Welt: An seinen Molen werden jedes Jahr 294 Millionen Tonnen Güter umgeschlagen, im Containerhafen von ***Singapur*** sind es mit 290 Millionen Tonnen knapp weniger, ***Chiba*** in Japan ist mit 174 Millionen Tonnen schon deutlich abgeschlagen. Die ***Voyager of the Seas*** ist das größte Kreuzfahrtschiff der Welt mit 142.000 Tonnen Gewicht. Sie kann 3840 Passagiere aufnehmen, dazu kommen die 1181 Besatzungsmitglieder. Sie ist so lang wie drei amerikanische Footballfelder, 310 m, 48 m breit und mit Theater, Golfplatz, Eislaufplatz, Ballsaal, Geschäften und drei Swimmingpools mit Sauna, drei Restaurants, 14 Liften und mehr als 300 Kabinen ausgestattet. Und eine Hochzeitskapelle durfte natürlich auch nicht fehlen …

Kreuzfahrtschiff

Eisbrecher

MIT VOLLEN SEGELN

Das größte Segelschiff der Welt ist die **Royal Klipper**. *Majestätisch ragen die fünf Masten ebenso hoch in den Himmel wie ein 15-stöckiges Hochhaus, die Fläche der Segel, die sich im Wind blähen, beträgt insgesamt 5202 m^2. Sie ist 134 m lang, hat ein Gewicht von 5000 Tonnen und kann 228 Passagiere und 106 Mann Besatzung aufnehmen. An Bord befinden sich drei Schwimmbäder, ein Gymnastikraum mit Thermalzone, elegante Geschäfte und ein Speisesaal, von dessen Fenstern aus man die herrlichen Sonnenuntergänge in der Karibik bewundern kann …*

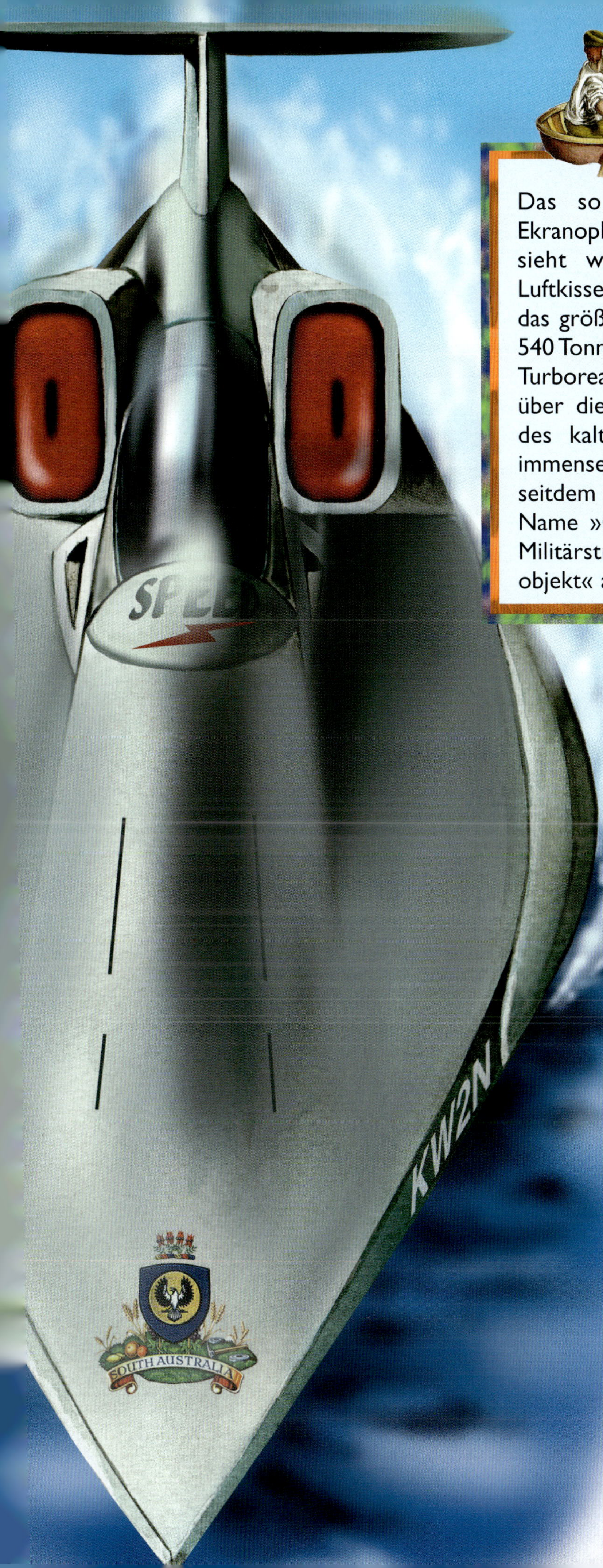

WISSENSWERTES

Das so genannte »Kaspenmonster«, ein Ekranoplan, ein Bodeneffektfahrzeug, das aussieht wie ein Flugzeug, aber auf einem Luftkissen gleitet und deshalb als Schiff gilt, war das größte je gebaute »Airfoil« der Welt: Mit 540 Tonnen Eigengewicht flitzte es dank seines Turboreaktorenantriebs mit über 500 km/h über die Wasseroberfläche. Nach dem Ende des kalten Krieges wurde es wegen der immensen Betriebskosten zu teuer und ist seitdem in einem Dock untergebracht. Der Name »Caspian Sea Monster« kam von US-Militärstrategen, die das rätselhafte »Flugobjekt« auf Satellitenfotos entdeckt hatten.

Der Hafen von Singapur

Pfeilschnell über die Wellen

Den Geschwindigkeitsrekord der Schiffe hat im Oktober 1978 die **Spirit of Australia** *(siehe Illustration), ein spezielles Boot einer Klasse, die Hydroplanes genannt wird, in der Bucht von Blowering Dam in Australien aufgestellt: Auf einer Distanz von etwa 1 km fuhr das Boot rund 511 km/h.*

Kolosse der Meere

Die größten ***Flugzeugträger*** der Welt sind die der Klasse ***Nimitz*** der US-Marine. Sie sind über 300 m lang, haben 98.550 Tonnen Gewicht und 18.200 km^2 Landebahnen an Deck. Alle 20 Sekunden kann ein Flugzeug von ihnen aus starten, und sie können dank ihres nuklearen Antriebs mit vier Triebwerken und 260.000 PS mit einer Geschwindigkeit von 30 Knoten (etwa 60 km/h) navigieren. Der größte ***Tanker*** ist der ***Leviathan***, in seinen Laderäumen können bis zu 250.000 Tonnen Rohöl transportiert werden. Der geräumigste ***Handelsfrachter*** ist die ***Jahre Viking***, voll beladen transportiert sie 300.000 Tonnen Waren in die Häfen aller Welt.

WISSENSWERTES

Das größte ***Hovercraft*** der Welt ist die ***SR.N4 MKIII*** mit 56 m Länge und einem Gewicht von 310 Tonnen. Das Hovercraft der US-Marine ***SES-100B*** hält den Geschwindigkeitsrekord für Luftkissenboote: 170 km/h.

Schwergewichte!

Die **Rossiya**, *die in St. Petersburg in Russland vom Stapel lief, ist der größte* **Eisbrecher** *der Welt: Sie wiegt 23.500 Tonnen und hat einen Nuklearantrieb mit 75.000 Pferdestärken. Das größte* **Flussschiff** *ist die* **Mississippi Queen**, *ein 116 m langer Raddampfer, der durch das charakteristische Rad am Heck berühmt geworden ist (siehe Bild links). Sie verkehrt noch immer auf dem Mississippi.*

Unterseeboote

Die schnellsten Unterseeboote der Welt sind jene mit Atomantrieb der Klasse *Alpha* der russischen Marine. Letztere hat auch am meisten U-Boote im Einsatz, über 120. Sie machen im Schnitt 40 Knoten (etwa 75 km/h) und können bis zu einer Tiefe von 760 m tauchen. Gleich wie die amerikanischen U-Boote können sie eine Distanz von 640.000 km ohne Tankstopps zurücklegen, das entspricht dem 15fachen des Erdumfangs.

Zwerg der Meere

Das **Coracle** *ist zweifellos das* **kleinste Boot** *der Welt, nicht mehr als eine Nussschale! Man verwendet es in Irland und Wales zum Fischen. Darin finden gerade ein Mann und ein Paddel Platz (siehe Illustration). Das schnellste* **»Segelboot«** *ist der Windsurfer, er durchpflügt die Wellen mit 80 km/h! Doch der Trimaran* **Yellow Pages Endeavour** *hat in Australien in Sandy Point am 26. Oktober 1993 eine Spitzengeschwindigkeit von 46,52 Knoten erreicht, das sind über 86 km/h.*

Allein auf hoher See

Die erste **Weltumrundung** *in einem Boot* **im Alleingang** *ohne Zwischenstopps gelang dem Skipper* Knox-Johnston *1968/69 an Bord der* Suhaili. *Sie dauerte 312 Tage, die einzigen Begleiter des Skippers waren Wind und Wellen.*

RECORDNEWS

TRANSPORT

Kommt das Batmobil schon bald?

Das Auto der Zukunft, so versichern zumindest die großen Autohersteller, wird nicht mehr lange auf sich warten lassen. Bis 2020–2030 wird es sogar selbst fahren. Selbstverständlich soll es mit der fortschrittlichsten Technik ausgestattet sein und mit umweltfreundlichem Treibstoff funktionieren.
Mit der Karosserie aus robustem Kunststoff von nicht mehr als 500 kg Gewicht (etwa die Hälfte der derzeitigen Bauweise) werden die Fahrzeuge nicht nur widerstandsfähiger gegen Aufprall, sondern es gehören auch die Sorgen um ein Durchrosten der Karosserie der Vergangenheit an.
Selbst Scheiben und Scheinwerfer werden aus ultraleichtem Kunststoff hergestellt. Radar- und Ultraschallvorrichtungen an den Stoßstangen werden in Zukunft Kollisionen mit anderen Fahrzeugen vermeiden und für die Wahl der richtigen Fahrgeschwindigkeit je nach Straßenverhältnissen, Verkehrsaufkommen und Wetterbedingungen sorgen. Spezielle Infrarot-Kameras zur Projektion des genauen Straßenverlaufes auf die Windschutzscheibe sollen das Fahren bei Nacht oder schlechter Sicht und Nebel erleichtern. Stabilisierungsmechanismen sollen das Auto bei Schleudern rasch wieder unter Kontrolle bringen, mit den neuen, umweltfreundlichen pneumatischen Reifen soll man mit einem Platten noch 200 km bei 80 km/h fahren können.
Intelligente Sitze werden sich dem Gewicht und der Größe der Fahrgäste anpassen und für ein optimales Aufblasvolumen bei den Airbags sorgen. Selbst der Sicherheitsgurt wird sich genau dann, wenn er gebraucht wird, von selbst Augenblicke vor dem Aufprall um die Passagiere spannen.
Der Anlasser wird mit einem digitalen Erkennungssystem ausgestattet sein und den Besitzer des Wagens identifizieren, Kameras im Inneren der Fahrgastzelle sollen den Fahrer beobachten und Anzeichen für Müdigkeit erkennen. Falls etwa Sekundenschlaf droht, kann der Wagen automatisch am Straßenrand zum Halten gebracht werden. Ein »schlauer« Bordcomputer wird sämtliche Daten über Straßenzustand, Staus, Umleitungen, Unfälle usw. auswerten, die Funktionen des Wagens ständig überprüfen und optimieren und über ein futuristisches Alarmsystem im Diebstahlsfalle selbst mit der Polizei kommunizieren. Es wird nicht mehr lange dauern und der Fahrer am Steuer wird überflüssig sein. Wer besorgt dann aber das Hupen?

hindenburg